贾谊

政治哲学思想研究

冯国利 著

JIAYI ZHENGZHI ZHEXUE
SIXIANG YANJIU

ZHEJIANG UNIVERSITY PRESS
浙江大学出版社
·杭州·

**图书在版编目(CIP)数据**

贾谊政治哲学思想研究 / 冯国利著. —杭州：浙
江大学出版社，2022.11
ISBN 978-7-308-23239-5

Ⅰ.①贾… Ⅱ.①冯… Ⅲ.①贾谊(前200—前168)
—政治哲学—哲学思想—研究 Ⅳ.①B234.2

中国版本图书馆 CIP 数据核字(2022)第 212679 号

**贾谊政治哲学思想研究**

冯国利　著

| | | |
|---|---|---|
| 责任编辑 | 胡　畔(llpp_lp@163.com) | |
| 责任校对 | 赵　静 | |
| 封面设计 | 周　灵 | |
| 出版发行 | 浙江大学出版社 | |
| | (杭州市天目山路 148 号　邮政编码 310007) | |
| | (网址:http://www.zjupress.com) | |
| 排　　版 | 浙江时代出版服务有限公司 | |
| 印　　刷 | 广东虎彩云印刷有限公司绍兴分公司 | |
| 开　　本 | 710mm×1000mm　1/16 | |
| 印　　张 | 9.25 | |
| 字　　数 | 210 千 | |
| 版 印 次 | 2022 年 11 月第 1 版　2022 年 11 月第 1 次印刷 | |
| 书　　号 | ISBN 978-7-308-23239-5 | |
| 定　　价 | 68.00 元 | |

# 前　言

作为西汉初期著名的思想家和政论家，贾谊的思想极其宏阔而又深刻入理，虽然古往今来诸多学者已从其思想宝库中开发出了许多有价值的资源，为后人留下了宝贵的精神财富，但在作者看来，贾谊的思想就像一座开发不尽的宝藏，令人常读常新。所以从不同的视角对其思想进行深入研究，以进一步拓展贾谊思想的价值域，将是一件非常有意义的理论研究工作。

作者认真研读了贾谊思想的文本资料，对其思想体系进行了重新梳理，发现其丰富治国思想的背后始终有一种主体思想贯穿其间，这就是他的"道"本体论思想指导下的政治哲学思想。贾谊的政治哲学思想主要包括他的"道"本体引领下的民本思想、"大一统"思想、"礼、法、仁"相结合的礼治思想以及教化万民的思想。贾谊将形而上之"道"作为建构其整个思想体系的终极依据，认为："物所道始谓之道；所得以生谓之德。德之有也，以道为本。"接着认为德有六理——道、德、性、神、明、命；德有六美——道、仁、义、忠、信、密，具备六理、六美的德能"生阴阳、天地、人与万物也，固能为所生者法也"，若"德毕施物"，则物必完美。这要求人们在为人处世的时候"尊道、体道、合道"，由此引申到君主如何治理国家这个重要问题上。那么，无论是处理统治阶级内部矛盾还是阶级矛盾，无论是处理民族关系还是君臣关系，进而扩展到发展经济、教化万民等问题，都应该在"尊道、体道、合道"的前提下来努力处理好各种关系，最终实现国家和谐的"大一统"局面，乃至世界大同，从而实现贾谊以"道"为本的政治哲学思想所预设的终极目标。这是一个贾谊以"道"为本的政治哲学思想与其在此思想支配下而提出的制度实践措施之间相互关系的逻辑推演过程，两者之间其实是本体论与功夫论的关系。

正是在贾谊以"道"为本的政治哲学思想的引领之下，贾谊向汉文帝就如何振兴汉王朝提出了一系列富有建设性的制度实践策略，具体内容主要包括："众建诸侯而少其力"的思想，有利于稳定社会秩序；对解决匈奴问题所设立的"帝者战德""与单于争其民""建三表、设五饵"之策以及提出"民天下之兵"的主张，体现了一种天下一家、世界大同的理念；极其宏阔的"礼、法、仁"相结合的礼治思想，则高度彰显了"仁"本地位；独特的民本思想以及富安民、亲民、利民的全面惠民思想,能最大限度地兼顾统治者和被统治者双方的利益,这在当时的社会背景下,实属难能可贵;还有极富特色的教育思想,高度强调了教育与政治的关系,其通过重视对太子的教育以最终达到德化天下的目的之思想更体现了其构建理想社会的美好愿望。

综观贾谊提出的这些具体制度实践措施,我们会清楚地发现,贾谊提出的所有思想主张,都在努力追求一种合"道"的境界。全面把握贾谊以"道"为本的政治哲学思想,将给后世的思想家和为政者以极大的思想启迪,应努力将"以道为本""体道合德"的理念作为制定政策的重要依据。在当今社会,无论是解决国内问题还是处理国际关系,若能以此为衡量是非的标尺之一,将极大地加快建设和谐社会的步伐。

将贾谊以"道"为本的政治哲学思想作为一个独特的研究视角,努力拓展其思想的价值域,这是本书一个大胆的尝试。此外,本书对贾谊著作中某些有价值的观点进行了理论上的进一步发挥,以更好地为当代所反思和借鉴,如"与单于争其民"的思想、"民天下之兵"的思想等等。

# 目　录

# 1　绪　论

## 1.1　写作缘起

### (一)对贾谊生平及其政治哲学思想的兴趣

贾谊,西汉洛阳人,生于公元前 200 年(汉高帝七年),死于公元前 168 年(汉文帝十二年),是汉初年轻而博学的学者、政论家,哲学家。据《史记》记载,"年十八,以能诵诗属书闻于郡中"①。贾谊被当时"治平为天下第一"的吴廷尉推荐给汉文帝,于是文帝"召以为博士","是时贾生年二十余,最为少。每诏令议下,诸老先生不能言,贾生尽为之对,人人各如其意所欲出。诸生于是乃以为能,不及也。孝文帝说之,超迁,一岁中至太中大夫"。② 但因贾谊年少即锋芒显露,遭到了许多人的嫉妒,特别是"绛、灌、东阳侯、冯敬之属尽害之,乃短贾生曰:'洛阳之人,年少初学,专欲擅权,纷乱诸事。'于是天子后亦疏之,不用其议,乃以贾生为长沙王太傅"③。后来,贾谊又被任为梁怀王太傅,在他历任太傅期间,向汉文帝提出了许多振兴汉室的有益建议,有些被汉文帝直接采纳,有些被后任皇帝所采纳,后因梁怀王坠马死,"贾生自伤为傅无状,哭泣岁余,亦死"④。年仅 33 岁,可以说贾谊的早逝是中国思想界的一个巨大损失,这从他留给后人的作品中就可见一斑,无论是其哲学思想还是其政论思想都闪烁着智慧和理性的光辉,对中华优秀传统文化的继承和发展曾做出了卓越的贡献,影响十分深广,名垂千古。这些都引发了作者对贾谊的思想进一步探索的兴趣。

### (二)试图拓展贾谊哲学思想的研究空间

由于贾谊思想经久不衰的魅力,历来研究贾谊的专家学者很多,也展示了许多有创造性的研究成果,但总体而言,人们对贾谊思想的研究还是显得

---

① 司马迁:《史记·屈原贾生列传》卷 84,中华书局 2011 年版,第 2192 页。
② 司马迁:《史记·屈原贾生列传》卷 84,中华书局 2011 年版,第 2192 页。
③ 司马迁:《史记·屈原贾生列传》卷 84,中华书局 2011 年版,第 2192 页。
④ 司马迁:《史记·屈原贾生列传》卷 84,中华书局 2011 年版,第 2201 页。

不够全面,整体把握的范围尚可进一步扩展,而且比较偏重于对其生平的研究与作品真伪的考证。在作者看来,贾谊的思想就像一座开发不尽的宝藏,令人常读常新,所以从不同的视角对其进行深入研究将是一件非常有意义的工作。

(三)力图发掘贾谊思想的当代意义

研究证明,今存《新书》十卷是研究贾谊思想的可靠材料。虽然《新书》的字句有些讹误之处,但经过许多专家学者的仔细考证,其真实性不容怀疑。王兴国在其所著的《贾谊评传》中提到:"余嘉锡、魏建功等人的考证,可以说基本上了结了一场长达数百年的关于《新书》真伪争论的公案,它可以使我们比较放心地引用《新书》中的文字进行学术研究,而不致作茧自缚地局限于班固《汉书》中所引用的个别篇章。"[①]作者认为,在文本可靠的前提下,我们就可以把主要的精力转向对贾谊思想的深度解读,从中汲取更多有价值的思想资源。特别是在国际局势面临百年未有之大变局的今天,将之与当今时代相联系,从中寻找可资借鉴的理论资源,为解决一些比较棘手的现实问题提供有益的理论指导。

## 1.2 本书的创新之处

作者在对贾谊的文本进行多次认真研读后,总觉得贾谊的思想别具一格,充满了道德关怀和人性的温暖,认定其提出具体治国思想的背后一定有个总的思想源头在起引领作用,于是进一步参考了大量研究贾谊的相关资料以及先秦时期和汉初的相关文献资料,在此基础上不断深入思考,试图找到一个全新的视角来重新全方位审视贾谊的思想体系,力图探寻其提出众多治国思想背后的那个理论依据,找到其思想持久不衰的生命力之源,尝试对贾谊的思想体系进行重新建构,以期更准确地把握其思想的理论意义和现实意义,并尝试从中寻找解决当今国际国内问题的良方。主要创新点如下:

1.认为贾谊具体治国思想的内容是在其政治哲学思想统摄之下而形成的,而其政治哲学思想又是以"道"作为其本体论依据的。

政治哲学思想是定位于价值世界而做出的价值判断,可以为具体的治国策略的设定提供价值观和方法论的指导。它的中心关切是政治应当如何

---

① 王兴国:《贾谊评传》,南京大学出版社 2006 年版,第 53 页。

的问题,即有关治国的标准和规范方面的知识,以更好地实现制度与现实政治的有机结合。贾谊构建了一个完整而又理想的政治哲学思想体系,之所以说其理想是因为其政治哲学思想是以形而上之"道"作为其本体论依据的,而在贾谊的思想世界里,"道"是一个完满自足的存在。在此基础上,他构建了一个理想的治国模式,因此,贾谊始终有这样一个有关理想社会的总体格局——"天下不乱,社稷长安"(《五美》),应该说这个格局体现了极其可贵的和谐社会的理念,包括了民本、仁爱、讲信修睦、休战、隆礼、尚德、"大一统"等等理想而又美好的社会愿望。而正是在贾谊所设想的这种以理想社会的实现为目标的政治哲学思想之引领下,才有其一系列适应当时时代要求的丰富的治国主张。所以,本书将着重从贾谊政治哲学思想的角度来梳理他的治国思想之整体脉络,以更好地发现其思想的既合时代性又具超越性及可资借鉴的理论资源,在感受古人思想之渊深宏阔的同时,也为当代社会的发展寻找合适的可供借鉴的思想资源。

2. 研究方向的转向:关于贾谊的思想历来存在诸多争议,如其著作《新书》的内容多少与真伪问题,其在长沙的贾太傅祠的确切地点以及变迁问题,与文帝关系的亲疏问题等等,经过许多学者的潜心研究,在有关贾谊《新书》的真伪问题已经有了比较可信的依据,确定其为贾谊著作的前提之下,我们应该及时地把关注的重点转向对文本本身的研读上,结合当时的时代背景,更多地来关注贾谊思想本身的价值,包括解读贾谊思想的整体结构、思想脉络、思想主旨、其思想的前后继承与发展关系、其思想的理论意义与现实意义等方面。

3. 认为贾谊的思想中包含了极其丰富的"大一统"思想,这是诸多研究贾谊的学者所没有系统提及的。贾谊的"大一统"思想是一种建立在"善治"的基础上而设定的社会"大一统"模式,这与他的"道"本体论思想有直接的渊源关系,而这种思想的终极目标则是实现世界大同,因此,其"大一统"思想极富前瞻性,对当今中国致力于推动构建人类命运共同体的理念有极大的借鉴意义。

在贾谊的文本中可以找到许多与实现社会"大一统"有关的思想,如他的"众建诸侯而少其力"思想的提出,通过削弱诸侯王的实力而"活大臣,全爱子"以最终达到"而天下不乱,社稷长安,宗庙久尊,传之后世,不知其所穷"(《五美》)的目的,从而实现一种长久的"大一统"的局面。另外如其"礼、法、仁"相结合的礼治思想的提出、对解决匈奴问题所设立的"三表五饵"之策(他始终将单于之民视为大汉之民),还有他眼中的与众不同的君臣关系等等,这些观点的背后都蕴涵着"大一统"的理念,并且,总体而言,贾谊的"大一统"思想是适合当时的社会现实的,具有合理性。尤其从封建政治社会的崩溃到秦朝中央集权的专制政治的成立,进而转向汉代专制政治下的新的封建,就更突显了"大一统"政治制度的重要性和必要性,它可以起到维护社会稳定的作用。

4.发掘贾谊民本思想的真正意图。不能单纯地把贾谊的民本思想理解为带有很强的功利性和目的性,仅仅是为了巩固汉王朝的统治地位而重视民,事实上,他的民本思想是建立在和谐的"大一统"观念的前提之下,甚或可以说是建立在和谐的世界大同的前提之下的。

贾谊视野中的"民"不仅包括大汉王朝统治之下的"民",而且还包括了当时少数民族政权统治之下的"民",如匈奴单于统治下的"民",所以他主张用"三表五饵"之策来解决匈奴问题,以避免给"民"带来不必要的伤亡。因为在他眼里,民是没有差别的,他能独具慧眼地意识到一旦解决了匈奴问题,原匈奴之民就是大汉之民,而并非汉王朝的战俘,所以,他要"与单于争其民",认为对于匈奴之"民"而言,教化礼乐同样显得特别重要,而一旦"争民"成功,他又进一步想到了"民天下之兵"的主张,"将必以匈奴之众,为汉臣民,制之令千家而为一国,列处之塞外,自陇西延至辽东,各有分地以卫边,使备月氏灌窳之变,皆属之直郡,然后罢戎休边,民天下之兵。帝之威德,内行外信,四方悦服,则愚臣之志快矣"(《匈奴》)。这同时也让我们从另一个侧面看到了贾谊军事思想上的远见卓识,即军事的最高境界是没有战争而非如何打赢战争。

## 1.3 本书的理论价值与实践价值

(一)理论价值

1.许多学者对贾谊思想的研究都从不同的角度和层面加以展开,但迄今还很少发现有从政治哲学的角度来研究贾谊的思想体系的,这是本书的一个大胆的尝试。

2.历来对贾谊思想的研究基本上是就其具体的思想内容来进行就事论事的分析,缺乏整体性和系统性,关于贾谊思想中的"道"本体论,因为涉及的哲学概念比较深奥难懂,需要有很大的耐心经过多次认真研读才能把握其主旨和哲学意蕴,所以有些研究者在没有经过仔细研究的情况下就武断地认为其思想杂乱而不可取,一般都是将其放在文章的最后部分顺便提及,没有纳入其思想体系的主体范围之内。事实上,贾谊的政治哲学思想具有形而上的依据,这个依据就是其"道"本体论思想,它不但应该被纳入贾谊完整的思想体系之中,而且还是对其整个思想体系起引领作用的理论。可以这样说,正是在其形而上的"道"本体论思想的引领之下才形成了他完整的政治哲学思想体系。这样,就使贾谊思想的深度和整体性得到了更好的体现。其"道"本体论思想的主旨是:"物所道始谓之道,所得以生谓之德。德之有也,以道为本。"(《道德说》)在此基础上,他进一步认为德有"六理"——道、德、性、神、明、命,德有"六美"——有道、有仁、有义、有忠、有信、有密,他主张以"六理""六美"作为确定社会的道德基础,并借此确立封建社会的道德秩序,而这个"六理"最终又归本于"道"。贾谊的政治哲学思想正是以此为依据而建立起来并从不同角度层层展开的。在贾谊的仕途生涯中,他多次上书汉文帝,提出了一系列有助于振兴汉王朝的制度实践构想,具体内容涉及政治、经济、军事、思想文化等诸多方面,这些思想有些被汉文帝直接采纳,并在当时发挥了积极作用,有些在后世被别的君主所采纳,并不同程度地实现了其理论价值。如其"众建诸侯而少其力"的思想,在汉武帝时期被重点借鉴,并因此颁布了"推恩令",在原来诸侯国的土地上再建立侯国,从而削弱了诸侯王的实力,使他们无力再对抗中央,从而加强了中央集权。

(二)实践价值

通过研究发现,贾谊所设想的理想社会模式是建立在现实性的基础之上的,他并不空喊虚无缥缈的口号,而是立足社会现实,先承认当时社会确实存在诸多亟待解决的社会问题,然后凭借自己的智慧和前人值得借鉴的思想,寻找解决问题的对策,从而使其思想更具可行性与实效性。这种敢于直面现实的精神本身就是值得我们学习的。

贾谊作为一个刚经历了轰轰烈烈的秦末农民战争而建立起来的统一的西汉王朝初期的思想家,他的政论文章和哲学思想在中国历史上具有重要的地位。纵观近百年来对贾谊思想的研究史,我们可以清楚地发现,往往在中国经历重大转折事件之时,就会在思想界迎来一个研究和讨论贾谊思想的热潮,并从中寻找某些可供借鉴的思想资源,这就充分证明了贾谊思想持久的生命力之所在。如今,中国正处在改革开放的转型期和升级期,我们的经济得到了突飞猛进的发展,高科技领域的新成果层出不穷,综合国力不断增强,国际地位大大提高,中国的发展引起全世界的关注,中国进入了一个前所未有的高速发展期,这是令我们所有中国人都为之感到骄傲的事情。但同时我们也应该意识到机遇与挑战并存,危机与转机同在,经济发展并不同时意味着思想的发展,物质文明与精神文明并不一定会同步发展。在社会不断向前发展的过程中,我们应该时不时地驻足回望,要不断地从中国博大精深的传统文化中寻找可资借鉴的理论资源,做到古为今用,而贾谊思想中的许多内容具有经久不衰的生命力,无论是解决纷繁庞杂的国内问题还是解决错综复杂的国际问题,都能给我们提供很好的理论借鉴。

## 1.4　贾谊思想的研究综述

由于贾谊思想之博大宏阔,历来不乏研究他的专家学者,就是在新中国成立以后,对贾谊思想的研究也曾掀起过三次热潮,前两次是政治形势与学术研究相结合的产物,后一次则属于改革开放后正常的学术研究与发展。

20 世纪五六十年代,国内所掀起的研究贾谊的热潮主要是因为毛泽东的推动。因为他在 1958 年至 1962 年,在一系列重要场合特别是在中央全会上发表了关于贾谊的谈话,并借用贾谊的观点来阐述自己的政治主张,引起了学术界的关注和重视。

这个时期对贾谊的研究主要有两大特点:一是侧重于对最基础的问题进行解释和讨论,如《新书》到底是不是贾谊的作品、贾谊思想的基本脉络和特征如何等。至于贾谊的生平以及贾谊与前代思想家的思想继承和发展关系则很少涉及。二是研究成果基本上是以集体研究的方式呈现的,很少出现个人研究贾谊的专著。这个时期,国内关于贾谊研究的文章最早的是王季星先生在 1956 年发表于《东北人民大学学报》第 4 期的论文《贾谊和他的作品》,但该文在当时没有产生广泛的影响。

《北京大学学报》于 1961 年发表了魏建功、阴法鲁、吴竞存、孙钦善等几位先生联合署名的文章《关于贾谊〈新书〉真伪问题的探索》,得出了关于《新书》真伪问题的四个基本结论,包括:"一、贾谊书的篇章在流传中有过变动,如《过秦论》由两篇分成三篇。二、内容有缺失。三、梁时的传本不仅有今本的前五卷,而且还有后面各卷,这说明今本源远流长,基本上保存了原来的面貌。四、唐代以前,不但无人怀疑过贾谊书,而且非常重视它,或征引它,或据它校书。"[1]此文在当时产生了较为广泛的影响,这些基本结论为后人

---

[1]　吴松庚:《贾谊》,岳麓书社 2008 年版,第 190 页。

研究贾谊作品及其思想指引了方向,可以少走很多弯路,但同时也从某种程度上局限了人们研究贾谊思想的眼界。

此后,对贾谊的研究方向开始转移到贾谊思想本身上来。1962年,《北京大学学报》第5期发表了阴法鲁、陈铁民执笔整理的《贾谊思想初探》一文。该文认为贾谊"继承了儒家的传统思想,吸收了法家的法治观点,在情绪消沉的时候也接受过道家的人生观;但他的思想基本上是属于儒家的,只是面对着西汉初期的时代特点,比起早期的儒家来已经有了很大的发展"①。"贾谊的目光始终注视着当世。从现实出发,吸取历史的经验教训,解决现实问题,这是他考虑一切问题的态度。"客观地说,该文所表达的观点基本反映了贾谊思想的精髓,但理论研究的深度明显不足。不过,比较巧合的是,这些思想对当时中国社会的现实有着直接的借鉴作用,特别是文中重点阐述的"中央集权不属于皇帝个人"②的观点,对当时的政治形势有着重要的警示意义,文章在阐述"礼对于皇帝也有要求"③的观点时提到:"贾谊所主张的中央集权不属于皇帝个人。而属于以皇帝为核心的'贤佐俊士'集团;皇帝个人的职权也受这个集团的制约。这样可以限制君权的无限扩大,不致发展到皇帝个人专制,而为所欲为。这样,出现暴君的可能性就比较小"④,这其实是在提醒当权者,中央集权不等于皇权专制,不是唯我独尊,不能搞盲目的个人崇拜。只可惜这样的声音仅限于学术研究领域而无法直接介入政治领域,没有很好地发挥它的理论指导实践的作用。而在这个时期,以个人名义发表的研究论文影响较大的当属冯友兰先生于1963年发表于《北京大学学报》第2期的《贾谊的哲学思想》一文,文章从哲学角度对贾谊的《道德说》和《鹏鸟赋》等进行了评述,尤其是对贾谊在《道德说》一文中的"道"和"德"进行了哲学分析,颇显其哲学理论功底。冯友兰先生高度肯定了贾谊哲学思想在当时的进步意义。

到20世纪60年代末,国内关于贾谊的研究又掀起了一次高潮,但带有较强的政治色彩,深深地打上了那个时代的烙印,使得人们对贾谊的研究失去了其固有的学术性,许多有关贾谊的文章普遍质量较差。当然,在这一时期有一点值得肯定的成就是1976年6月上海人民出版社编辑出版了新中国成立后第一部贾谊著述的点校本《贾谊集》。全书共收入《新书》58篇、疏

---

① 阴法鲁、陈铁民:《贾谊思想初探》,《北京大学学报》1962年第5期。
② 阴法鲁、陈铁民:《贾谊思想初探》,《北京大学学报》1962年第5期。
③ 阴法鲁、陈铁民:《贾谊思想初探》,《北京大学学报》1962年第5期。
④ 阴法鲁、陈铁民:《贾谊思想初探》,《北京大学学报》1962年第5期。

7篇、赋5篇,书后附录还包括佚文、贾谊传、贾谊大事年表、著录和序跋,每篇文章后均附有校勘记,表述非常细致详尽。可以这样说,此书的出版,为研究者和学者提供了一个可资学习、研究和探索贾谊思想的规范化读本,成了当代研究贾谊的必备文献,为学习者大开方便之门。

改革开放以来,国内关于贾谊的研究进入了一个快速发展时期,伴随"以经济建设为中心"口号的提出,学者们开始更多地关注贾谊思想对当代社会发展的借鉴作用。学者们把关注的目光投向了贾谊的经济思想,发表了一系列有关贾谊经济思想的学术论文。这个阶段《新书》的出版数量之多是历史上任何阶段都无法比拟的,各种类型的注释本、横排本、竖排本、繁体本、简体本、今译本纷纷出现,为普及和研究贾谊思想提供了一个非常好的平台。接下来再介绍一些研究贾谊比较有代表性的书与文章。

1. 钱穆《国史大纲》上、下册,商务印书馆1996年版。钱穆在书中透彻地论述了贾谊政治思想产生的历史背景,并提供了比较丰富的历史资料。我们知道秦汉的历史精神就是政治制度的变动,就是为"大一统"的中国社会探索出一套合适的政治管理之理论与方法。而在钱穆看来,秦汉之际的政治制度主要是"由封建而跻统一"①,而贾谊正处在我国政治制度由封建走向统一,由宗室、外戚、军人掌权走向士人掌权的过渡期。这就几乎命中注定了贾谊政治思想的成功和其个人命运的失败,也就是说在当时的历史背景下,两者似乎很难兼得。钱穆认为,贾谊的政治理论具有过渡性与针对性,贾谊所面对的时政问题,在很大程度上是"黄老"政策所带来的。贾谊针对这些问题提出了"教育太子""礼尊大臣""阐扬文教""转移风俗"等政策。不过,"汉文虽极赏贾谊,然其时内则功臣元老,外则诸王长亲,尚非汉廷大有为之时"②。这是对贾谊个人命运的最好诠释。但是我们也应该看到,贾谊的政治主张,后来一一为汉廷所采用,从长远的眼光来看,已经足以证明了贾谊思想的价值和生命力,可惜的是贾谊早逝,没能为中国的思想界提供更多有价值的思想资源。钱穆还将贾谊与董仲舒对比,说:"董仲舒天人三策与贾谊政事疏,两篇大文,奠定了西汉一代政治之规模。"③这就充分说明了贾谊思想在政治制度过渡时期所作的重要贡献。

2.《贾谊的法律思想》,杨鹤皋著,群众出版社1985年版。该书从七个

---

① 钱穆:《国史大纲》上册,《引论》,商务印书馆1996年版,第14页。
② 钱穆:《国史大纲》上册,商务印书馆1996年版,第143页。
③ 钱穆:《国史大纲》上册,商务印书馆1996年版,第144页。

方面论述了贾谊的思想,重点阐述了贾谊的"法律不平等论"和"削藩论"主张,作者认为,贾谊的思想学说是"为封建统治'长治久安'服务的,反映了汉初统治者安定社会秩序,巩固中央集权的根本利益,所以他的思想主张尽管在其生前没有完全实现,后来却逐步地为汉统治者所接受。特别是封建大一统的局势已经形成的时期,他的思想主张在汉武帝的政策中就较全面地得到了体现,并由董仲舒进一步加以发展,从而使儒家学说取得了独尊的地位"①。在此需要强调的是,作者明确说明了董仲舒继承了贾谊的思想,这也是作者比较赞同的一个观点。

3.《汉初三儒研究·贾谊》,马育良著,黄山书社 1996 年版。此书将贾谊定位成"对帝国政治文化进行全新构思的儒家思想家"。对贾谊思想产生的背景及贾谊礼治思想特征所作的分析具有比较高的学术价值。不过,作者不赞同他把贾谊定位成一个儒家思想家的观点,关于这个观点,作者在后文"贾谊政治哲学思想的理论渊源"一节中有所论及。

4.《汉初最大的政论家和哲学家——贾谊》,载《中国哲学史新编》,冯友兰著,人民出版社 1998 年版。此专论是冯友兰先生所编的《中国哲学史新编》的一部分,该文主要强调了贾谊巩固汉政权的建议及其哲学思想研究,他认为贾谊在世之际没能得势的原因是"汉文帝的政治方向是'无为',贾谊的政治方向是'有为',所以,尽管汉文帝赏识贾谊的才能,但是,还让他郁郁不得志"②,这个观点与钱穆先生的观点有不谋而合之处。

5.《汉代思想史》,金春峰著,中国社会科学出版社 1987 年版。该书认为:"贾谊思想的基本出发点是分清本末,主张文武刑德两手并用。认为权势法制和仁义德教都是为政治目的服务的手段,两者不可偏废。但手段是可以随时变化的,也可以随时收起不用,这就既和申、商、韩非的法家思想有了区别,也和孔孟思想有重大区别。"③这个观点实际上是强调了贾谊思想是自成体系的,在继承前人思想的基础上有了明显的理论创新的痕迹。

6.《贾谊评传》,王兴国著,南京大学出版社 1991 年版。可以说这是真正全面论述贾谊思想的学术专著,王兴国先生的主要贡献是通过大量历史文献的分析,对贾谊思想的各个方面进行了全面深入的研究,为后来的学者全面了解贾谊思想提供了一本非常有参考价值的专著,其学术根底是相当

① 吴松庚:《贾谊》,岳麓书社 2008 年版,第 195 页。
② 冯友兰:《中国哲学史》第二十六章,人民出版社 2012 年版。
③ 金春峰:《汉代思想史》,中国社会科学出版社 2006 年版,第 83 页。

深厚的。特别是对贾谊著作真伪问题的考辨细致深入，并且得出了一个获得公认的结论："余嘉锡、魏建功等人的考证，可以说基本上了结了一场长达数百年的关于《新书》真伪争论的公案，它可以使我们比较放心地引用《新书》中的文字进行学术研究，而不致作茧自缚地局限于班固《汉书》中所引用的个别篇章。"[1]这为后人进一步研究贾谊的哲学思想扫清了道路。另外，王兴国先生对贾谊民本思想与农本思想的概括也是非常有说服力的，他将民本与农本思想置于先秦至汉这样一个大的历史背景之中，使人们清楚地看到了各种思想之间的相互激荡与交融，同时又从小处入手，详细论证了贾谊民本与农本思想的特征。王兴国先生在对大量文献进行考证后谨慎地指出，"民本"概念的正式提出源自贾谊："从历史发展来看，'民本'概念的正式提出，可能最早还要算贾谊。《贾谊集》中'民本'概念使用十分普遍，内涵也十分明确，自从他明确使用这个概念之后，'民本'便成了中国古代政治思想中频繁使用的一个范畴。"[2]他认为，"贾谊对民本思想本身内容的阐发，可以说是更多地继承了儒家，但是他把专制主义与民本思想相结合这种做法，则更多的是从法家那里学来的"[3]，而且这种结合比法家更为完美。然后进一步指出："从贾谊对民智的这种看法，我们也可以看出他的民本主义只可能是对民力的利用，而不可能依靠民智实行民主。"[4]作者认为，这从某种程度而言也体现了贾谊实事求是的态度，因为当时之"民"所受的教育的确非常有限，还无法达到依靠民智来实行民主的程度。

7.《两汉哲学》，曾仕礼编注，华东师范大学出版社 2000 年版。此文分析了贾谊主要的哲学思想，包括《道德论》中的"德有六理"的思想、《鵩鸟赋》中朴素的辩证法思想以及贾谊的社会发展观三个方面，他特别提到了贾谊的哲学世界观问题，指出："作为政治家，贾谊站在地主阶级的立场上，在《治安策》中讨论过维护地主阶级政权的根本问题，并且提出了具体的解决办法；而作为哲学家，贾谊继承并发展了黄老学派的唯物主义哲学。……《道德论》一文仍然是汉初最重要的哲学著作之一。"[5]"德有六理，何谓六理，曰：道、德、性、神、明、命，此六者，德之理也，……'六理'在事实上已经被贾谊视为能够'化生'世界万物的根源了。"[6]当然，本人还是坚持认为，在贾谊

---

① 王兴国：《贾谊评传》，南京大学出版社 2006 年版，第 53 页。
② 王兴国：《贾谊评传》，南京大学出版社 2006 年版，第 136 页。
③ 王兴国：《贾谊评传》，南京大学出版社 2006 年版，第 143 页。
④ 王兴国：《贾谊评传》，南京大学出版社 2006 年版，第 144 页。
⑤ 曾仕礼：《两汉哲学》，云南大学出版社 2011 年版，第 56 页。
⑥ 曾仕礼：《两汉哲学》，云南大学出版社 2011 年版，第 56、57 页。

的观点中,化生世界万物的总根源始终是"道",而不是"德",因为贾谊明确指出:"德之有也,以道为本"(《道德说》),而且认为,从"道"到"德"是一个"离无而之有"(《道德说》)的过程。关于贾谊的社会发展观,曾仕礼指出,贾谊"在理论上的主要贡献还在于面对西汉初年的社会现实,以及错综复杂的社会矛盾,能够做出比较全面而又深刻的哲学分析和探讨,不仅对新兴的地主阶级提出了一些善意的忠告,而且还找到了一些比较切合实际的解决问题的具体办法,因而实属难能可贵"[①]。本人则在此思想的基础上进一步把贾谊的思想归结为是一种以"道"为本的政治哲学思想,在此思想的引领之下,贾谊一定会对统治阶级提出一些善意的忠告,提醒他们更多地顾及老百姓的利益。

8.《贾谊》,吴松庚著,岳麓书社 2008 年版。本书对贾谊故居的历史演变进行了全面考证,填补了学术空白。关于贾谊生平所作的考证亦为学术界研究贾谊提供了全新的资料。吴松庚先生通过对各种资料(包括正史、族谱、方志、新出土的碑刻等)的多方考证,梳理出了贾谊谱系比较完整的资料,对贾谊后裔从两汉以来在中国社会中的影响和作用有一个完整的阐释,从而使我们对贾谊的一生有了更全面的认识。另外对贾谊的思想体系进行了新视野下的阐述,书中对贾谊思想所作的通俗化解析及评价,使我们全方位了解贾谊博大精深的思想变得更加方便和直观。不过,文中带有猜测性和推理性的主观看法还是有点偏多,如,提到贾谊在出任长沙王太傅期间的建树,吴松庚先生列举得非常具体,以此来说明贾谊对稳定长沙国局势所做出的贡献。但事实上,关于贾谊任长沙王太傅期间的所作所为,史料是非常有限的,因此,有许多内容是属于吴先生凭主观猜测的,这从某种程度上来说是不足为据的或者说是不够严谨的。当然,这主要也是因为当时时代的局限,有关贾谊生活和入朝为官的资料确实偏少。最后,本书对贾谊《新书》的传播及研究所做的论述也极富价值。

9.在最近十几年中,时值中国的大发展之际,学术界对贾谊思想的研究方兴未艾,而且取得了丰硕的成果。不仅研究范围十分广泛,涉及哲学思想、政治思想、经济思想、军事思想、教育思想等诸多领域,而且伴随着信息技术的革命,参考资料的查找与过去相比显得更加方便和快捷。这虽然有利于对贾谊思想的进一步挖掘研究,但也存在着一些明显的不足之处,资料查找的方便和快捷固然有利于拓宽研究领域和挖掘研究深度,但同时也会

---

[①]　曾仕礼:《两汉哲学》,云南大学出版社 2011 年版,第 62 页。

带来一些弊端,在刊物上发表的研究贾谊的文章有相当多雷同和重复的研究结论,创新研究显得较少,这需要学者们在今后的研究中引起注意。当然,我们还是有理由相信今后会出现更多有价值的理论研究成果。

# 2 贾谊的生平

贾谊的政治哲学思想的形成与其生活的社会背景和他本人的生活经历有密切的关系。所以,在具体分析贾谊的政治哲学思想之前,我们有必要对贾谊的生平有一个比较全面的了解,主要关注他为学的经历以及被朝廷任用后面对当时的社会状况向汉文帝提出的主要治国主张等上。

## 2.1 家族渊源

据考证,贾谊的始祖,出自今山西襄汾西南,贾氏是中华民族最古老的姓氏之一,是黄帝的后裔,其形成的两个源头都是以国为氏和以邑为氏,均出自古代的"贾"地。这个贾地,就是今山西襄汾县。据《新唐书·宰相世系》载:"贾氏出自姬姓。唐叔虞少子公明,康王封之于贾,为贾伯,河东临汾有贾乡,即其地也,为晋所灭,以国为氏。晋公族狐偃之子射姑为晋太师,食邑于贾,字季他,亦号贾季。"(《新唐书·宰相世系》)从这条记载中,我们发现贾氏有两个出处:第一个出处是康王封唐叔虞少子公明于贾,称贾伯,地点在河东临汾,后为晋所灭,以国为姓氏。具体说来,西周时,周康王姬别把晋国开国君主唐叔虞的小儿子公明封于贾,建立贾国,号为贾伯,作为周朝的附庸国。因唐叔虞为周武王姬发之子,所以贾国为姬姓国。公元前678年,晋曲沃武公夺取了晋地,唐改称为晋,贾国的领土被吞并。贾亡国后,其后裔子孙按当时的习惯"以国为氏",这就是贾氏,于是贾姓从此出现。贾伯、贾佗都是晋国公族。第二个出处是指春秋时期,狐偃随从晋国公子重耳流亡了19年,为重耳出谋划策,扶持他归国,成为晋文公。等到晋文公之子晋襄公立,将贾地赏给了当时为太师的狐偃之子射姑,称贾季,后来贾季为避祸逃亡至翟(今山西阳城西),他的子孙就定居在这个地方,也以贾姓作为他们的姓氏。但是,据考证,射姑之事与《左传》记载不符,可能有较多后人虚构的成分,因此不足为据。由此看来,第一个出处较为可靠,也就是说,贾谊应该是贾伯的后裔,并且,贾姓出自姬姓。

贾谊的父亲叫贾回,据《贾谊》一书的作者吴松庚记载,知道贾谊父亲的名字叫贾回这个事实,还跟一个盗墓事件有关,"民国时期……盗墓者在洛阳邙山贾谊故里盗掘出唐代贾洮、贾邻父子墓志,两人为贾谊直系后裔。两墓志明明白白记载'秦末汉初,回生谊',因此,我们得以知道贾谊的父亲名贾回"①,关于他父亲的情况,史籍没有任何记载,因此无从考证,而关于贾谊的子孙,《史记·屈原贾生列传》有这样的记载:"及孝文崩,孝武皇帝立,举贾生之孙二人至郡守,而贾嘉最好学,世其家,与余通书。至孝昭时,列为九卿。"②从中可见,贾谊的后代亦非等闲之辈。据分析,汉武帝之所以会把贾谊的两个孙子举为郡守,与其颁布推恩令的措施直接借鉴了贾谊的策略有关,汉武帝出于对贾谊的感念而提拔了贾谊的两个孙子当是情理之中的事。当然,还有一个很重要的原因是他们本身的才华,这是可以合理推测的。

公元前200年,即汉高祖七年,贾谊诞生在河南洛阳孟津新庄梅窑村(古时称上古村)的邙山高崖之巅。而这里,正是中华文明的摇篮所在地——黄河中下游一带。

## 2.2 饱读诗书,才华横溢

关于贾谊从小如何勤奋好学的具体情状,亦无任何确切的资料可以查找,但我们从史书的某些记载中可以作一些合理的推论。

1. 据《史记·屈原贾生列传》载:"年十八,以能诵诗属书闻于郡中。"③从中可知,贾谊在少年时代对儒家的经典,如《诗》《书》《礼》《乐》《易》《春秋》等,一定有过系统的研究,并且,一定是属于极其勤奋好学,记忆力极好又很有自己独到见解的人,要不然,不可能在他18岁那年被吴公(当时的河南守)"闻其秀才,召置门下,甚幸爱"④,而且,也不可能"每诏令议下,诸老先生不能言,贾生尽为之对,人人各如其意所欲出。诸生于是乃以为能不及也。孝文帝说之,超迁,一岁中至太中大夫"⑤。如此年轻就能在朝廷议事时显得如此出类拔萃,足见贾谊的过人才智及深厚的文化底蕴,这当然与其从小勤学苦练是分不开的。

2. 关于贾谊饱读诗书的事实,还可以从下面的资料中找到依据。章太

① 吴松庚:《贾谊》,岳麓书社2008年版,第9页。
② 司马迁:《史记·屈原贾生列传》卷84,中华书局2011年版,第2202页。
③ 司马迁:《史记·屈原贾生列传》卷84,中华书局2011年版,第2192页。
④ 司马迁:《史记·屈原贾生列传》卷84,中华书局2011年版,第2192页。
⑤ 司马迁:《史记·屈原贾生列传》卷84,中华书局2011年版,第2192页。

炎先生在《春秋左传读叙录》一文中说:"贾生引用《左氏内、外传》极多,不得谓贾生不修《左传》耳。贾书中《道术篇》《六术篇》《道德说篇》正是训诂之学,有得于正名为政之意者也。"(《春秋左传读叙录》)从这段叙述中,我们至少可以得出如下两个结论。

其一,贾谊一定认真研读过《左传》,因为他在自己的作品中"引用《左氏内、外传》极多"。众所周知,《左传》是中国古代最早的一部叙事详尽的编年体史书,总共有三十五卷。它的全称叫《春秋左氏传》。相传是左丘明为孔子编定的《春秋》做注解的一部史书,它与《春秋公羊传》《春秋穀梁传》合称为"春秋三传"。《左传》既是一部战略名著,同时又是一部史学名著,是我国现存第一部叙事详尽的编年体史书。《左传》对后世产生了极为深远的影响,其价值首先体现在历史学方面,因为它继承和发展了《春秋》的编年体特色,并且还引录和保存了在那个时代流行的一部分应用文,这些极为珍贵的资料给后世应用文写作的发展提供了重要的借鉴。而且更为难能可贵的是该书还具有极高的文学价值。梁启超先生认为:"《左传》文章优美,其记事文对于极复杂之事项,——如五大战役等,提纲提挈得极严谨而分明,情节叙述得极委曲而简洁,可谓极技术之能事,其记言文渊懿美茂,而生气勃勃,后此亦殆未有其比。又其文虽时代甚古,然无佶屈聱牙之病,颇易诵习。故专以学文为目的,《左传》亦应在精读之列。"[1]言下之意,精读《左传》将大大有益于文采的长进。朱自清先生也认为:"《左传》所记当时君臣的话,从容委曲、意味深长。只是平心静气地说,紧要关头却不放松一步,真所谓恰到好处。这当然是当时风气如此,但不经《左传》著者的润色工夫,也决不会那样在纸上活跃的。"[2]从这里我们似乎也可以推论出贾谊的文章之所以文采如此华丽,一定跟他从小研读过《春秋左氏传》有很大的关系。《春秋左氏传》具有强烈的儒家思想倾向,特别强调宗法伦理与等级秩序观念,重视长幼尊卑之别,而且已经表现出了初步的"民本"思想,因此,除了能够推论出贾谊的治学功夫和勤学精神以外,我们可以据此推论出贾谊的思想体系中虽然吸取了先秦诸子百家的诸多思想主张,但又是以儒家思想为主的一个重要原因是受到了《春秋左氏传》的影响。贾谊的思想中较多贵族气息与君子味道,很大程度上可能也是因为受到了《左传》的影响,因为《左传》所记叙的,就是发生在天子、诸侯、卿大夫和士这些贵族身上的种种事件,其中诸

---

① 梁启超:《梁启超国学讲录二种》,中国社会科学出版社 1997 年版,第 59 页。
② 朱自清:《朱自清全集第 6 册》,江苏教育出版社 1996 年版,第 46 页。

侯和卿大夫犹多"①。钱穆也认为："古代的贵族文化，实到春秋而发展到它的最高点"②，并对这种贵族文化作了高度评价："外交上的文雅风流，更足表现出当时一般贵族文化之上之修养与了解。即在战争中，犹能不失他们重人道、讲礼貌、守信让之素养。"③钱穆先生因此得出一个很肯定的结论说："春秋时代常为后世所想慕与敬重。"④刘再复先生也认为这个时代非常"讲究礼节、风度、仪表、谈吐"⑤，并高度肯定这种贵族精神，认为："贵族精神是贵族社会中人类共同创造的并由历史积淀而成的一种精神传统和优秀文化遗产。它包含着历史筛选下来的人类共通的美德、格调、风度、趣味、情操等等。也就是说，贵族精神在历史形成过中，最后已成为一种超越贵族门第、贵族血统，甚至超越贵族阶级的一种人类共同认可的文化精神境界。"⑥所以，可以这样理解，正是因为贾谊从小深研《左传》，其文中所透出的那股浓浓的贵族气息已经深入贾谊思想的骨髓，以致我们可以随处可见贾谊思想世界中那种贵族气息与君子风度，所以我认为，贾谊的思想在很大程度上实是对《春秋左氏传》所主张的宗法伦理与等级秩序观念等儒家思想的继承与发展。

其二，贾谊不仅饱读诗书，而且能学以致用，在年轻之时其思想已进入成熟期。通过认真研读其文章《道德说》《道术》《六术》，可发现其哲学思维流畅，条理清楚，说理透彻，其"道"本体论思想和"德"有六理、六美等思想已经深深地植根在他的心灵深处，并且成了他日后形成完整的政治哲学思想体系的坚实的理论基础和本体论依据。章炳麟先生也提到"有得于正名为政之意者也"（章炳麟《春秋左传读叙录》）。贾谊早年的这三篇文章确实给人以少年老成之感。

还有一个资料是贾谊在他的《道德说》中对《诗》《书》《礼》《乐》《易》《春秋》的高度评价以及对其重要性的强调，说明其确实认真研读过六经。贾谊认为：

> 《书》者，著德之理于竹帛而陈之，令人观焉，以著所从事，……《诗》者，志德之理，而明其指，令人缘之以自成也，……《易》者，察人之精德

---

① 翁其斌：《〈左传〉精读》，上海古籍出版社 2012 年版，第 4 页。
② 钱穆：《国史大纲》，商务印书馆 1996 年版，第 68 页。
③ 钱穆：《国史大纲》，商务印书馆 1996 年版，第 71 页。
④ 钱穆：《国史大纲》，商务印书馆 1996 年版，第 68 页。
⑤ 刘再复：《刘再复讲演集》，人民日报出版社 2011 年版，第 231 页。
⑥ 刘再复：《刘再复讲演集》，人民日报出版社 2011 年版，第 226 页。

之理与弗循,而占其吉凶,……《春秋》者,守往事之合德之理与不合,而纪其成败,以为来事师法,《礼》者,体德理而为之节文,成人事,……《乐》者,《书》《诗》《易》《春秋》《礼》五者之道备,则合于德矣,合则欢然大乐矣,……(《道德说》)

还有是他在《六术》一文中对六经的评价(贾谊称之为六艺):

是以先王为天下设教,因人所有以之为训,道人之情,以之为真,是故内本六法,外体六行,以与诗、书、易、春秋、礼、乐六者之术,以为大义,谓之六艺。令人缘之以自修,修成则得六行矣。(《六术》)

对于如此深奥之六经,又在如此年轻的时候,贾谊能一言以蔽之,足见其研读六经之功力。如果不是从小饱读诗书,如果不是有极强的领悟能力,这几乎是不可能的。

## 2.3  朝廷沉浮,终不得志

### 2.3.1  初显身手,众人叹服

由于贾谊"年十八,以能诵诗属书闻于郡中"[1],被当时的河南守吴公发现,于是将贾谊"召置门下,甚幸爱"[2],吴公是原来秦朝丞相李斯的学生,名吾庄,楚上蔡人(今河南上蔡西南一带),在河南太守任内,因政绩卓著而被尊称"吴公"。吴公的祖上是春秋末年吴国皇帝季札第三子吴重道后裔,季札因为三让王位之事被后世广为传颂。季札封邑在延陵,延陵吴氏后衍生出吴姓家族的重要一支,而吴重道一支一直在周王室左右供职,由此可见,吴公的家世极其显赫。在治理河南郡的时候,立下了很大的功劳,使社会秩序安定,被评定为天下第一,吴公又是一个非常爱才的人。因此,吴公的学识、为人,再加上家藏丰富的典籍,使得本来就学识渊博的贾谊更是如鱼得水,学业思想有了更大的长进。

据《史记》记载:"孝文皇帝初立,闻河南守吴公治平为天下第一,故与李

① 司马迁:《史记·屈原贾生列传》卷84,中华书局2011年版,第2192页。
② 司马迁:《史记·屈原贾生列传》卷84,中华书局2011年版,第2192页。

斯同邑而常学事焉,乃征为廷尉。廷尉乃言贾生年少,颇通诸子百家之书。
文帝召以为博士。"①时间是公元前 179 年,汉文帝刘恒即位不久,这可以说
是贾谊人生中的一大转折点。从此,贾谊便踏上了仕途,成为西汉政治集团
中的一员。"是时贾生年二十余,最为少。每诏令议下,诸老先生不能言,贾
生尽为之对,人人各如其意所欲出。诸生于是乃以为能,不及也。孝文帝说
之,超迁,一岁中至太中大夫。"②

在汉武帝设立五经博士之前,博士主要是用来备皇帝进行咨询的官员。
据《史记》记载:"每诏令议下,诸老先生不能言,贾生尽为之对,人人各如其
意所欲出。"③这使汉文帝极为高兴,于是"超迁,一岁中至太中大夫"④。在
一年之中就把他破格提拔为太中大夫(注:太中大夫是比博士更高级的议论
政事之官员)。在这种情况下,用年轻有为来形容贾谊是再恰当不过的了。
这时候的贾谊真可谓春风得意,意气风发。

### 2.3.2 因才遭妒,贬谪长沙

贾谊初到朝廷,可谓是如鱼得水,向汉文帝提出了许多治国的建议。据
《史记》记载:"贾生以为汉兴至孝文二十余年,天下和洽,而固当改正朔,易
服色,法制度,定官名,兴礼乐,乃悉草具其事仪法,色尚黄,数用五,为官名,
悉更秦之法。"⑤他认为自从汉朝建立至今已经过去二十多年了,现在政局
已经比较安定,进一步采取更恰当的措施会更有利于巩固汉朝的统治,于是
向汉文帝提出了一系列的改革建议主张,其中比较重要的一条就是有关汉
承秦制而提出的。他认为自汉建立以来,基本承袭了秦朝的旧制,轻视礼
义,照此下去,后果不容乐观,应该移风易俗,回心向道。其中的改正朔,就
是要改变秦朝的"水"德,以十月为一年的开始的旧历,用"土"德来取代;"易
服色",就是改变原来秦朝服色一律尚黑的制度,代之以服色尚黄,这样刚好
可以与改制后的"土"德相对应。同时还要重新更定官名,重视礼义。但是,
文帝却没有立即采纳贾谊的这些建议。不过,文帝对于贾谊的其他许多建
议,还是能比较广泛地采纳的。如贾谊曾在文帝二年(前 178)时上奏《论积
贮疏》,尖锐地指出当时社会上出现的"背本趋末"、不重视农业的现象及其

---

① 司马迁:《史记·屈原贾生列传》卷 84,中华书局 2011 年版,第 2192 页。
② 司马迁:《史记·屈原贾生列传》卷 84,中华书局 2011 年版,第 2192 页。
③ 司马迁:《史记·屈原贾生列传》卷 84,中华书局 2011 年版,第 2192 页。
④ 司马迁:《史记·屈原贾生列传》卷 84,中华书局 2011 年版,第 2192 页。
⑤ 司马迁:《史记·屈原贾生列传》卷 84,中华书局 2011 年版,第 2192 页。

危害,主张实行重农抑商的政策,以进一步发展农业生产,增加国家的粮食贮备,既可以预防饥荒,更可以防患于未然,从而巩固汉王朝的统治。对于这个建议,汉文帝几乎全盘采纳,他下令鼓励农业生产,还多次减免租税,调动了老百姓的积极性,非常有利于汉初经济的恢复和发展。

除此以外,贾谊还向汉文帝提出了一个很重要的建议,即遣送列侯离开京城到自己封地去。对于这个建议,文帝非常赞同:"朕闻古者诸侯建国千余(岁),各守其地,以时入贡,民不劳苦,上下欢欣,靡有遗德。今列侯多居长安,邑远,吏卒给输费苦,而列侯亦无由教驯其民。其令列侯之国,为吏及诏所止者,遣太子。"①然而,就是因为贾谊提出的这个建议,得罪了朝中大臣,为他日后遭排挤埋下了隐患。当时丞相陈平已死,绛侯周勃成了当时权位最高、功劳最显赫的人,汉文帝想让他起个表率作用,就设法免去了其丞相的职务,劝他回到自己的封地。据《史记》记载,当时汉文帝跟周勃说:"'前日吾召列侯就国,或未能行,丞相吾所重,其率先之。'乃免相就国。"②榜样的作用是起到了,继周勃回到自己的封地后,列侯们也陆续离开了京师,回到自己的封地。但正因为如此,那些功臣元老从此对贾谊怀恨在心。

由于贾谊向汉文帝提出了这么多有利于振兴汉室的建议,汉文帝对贾谊极为赏识。于是,他提出让贾谊担任更高的公卿职位,可当文帝将此设想告知大臣时,却大大出其预料,几乎遭到了大臣们的一致反对。总体而言,反对势力主要来自两股力量。其一当然是来自朝廷的功臣显贵,包括绛侯周勃、灌婴、东阳侯张相如、御史大夫冯敬等人,周勃其实原来只是个"以织薄曲为生,常为人吹箫给丧事"③的小本生意人,灌婴原是个贩卖布匹的小商人,但事实却是,刘邦正是依靠这些人夺得了天下,他们因此立下了赫赫战功,明摆着是汉朝的开国功臣。以后,当诸吕起来叛乱的时候,又着力平定了叛乱并最终拥立文帝继承皇位。从这个角度来讲,他们对文帝是有恩的,所以纷纷封侯拜相,因此这是一帮位高权重的人。但另一方面,他们是靠武力获得权位的,没有什么文治的智慧,尤其是周勃,"不好文学,每召诸生说士,东向坐而责之:'趣为我语。'其椎少文如此"④。将其一方面缺少文治功夫但另一方面又功高自傲的情状描绘得淋漓尽致。到了文帝时期,他们虽已年老,却自恃功高,一心想左右朝廷大事。因此,当学识渊博的贾谊

① 司马迁:《史记·孝文本纪》卷10,中华书局2011年版,第356页。
② 司马迁:《史记·绛侯周勃世家》卷57,中华书局2011年版,第1841页。
③ 司马迁:《史记·绛侯周勃世家》卷57,中华书局2011年版,第1835页。
④ 司马迁:《史记·绛侯周勃世家》卷57,中华书局2011年版,第1840页。

在朝廷一显身手的时候,这些老臣们不免醋意大发,对贾谊心生妒忌,再加上因为文帝采纳了贾谊的建议而使他们中的某些人只能离开京城到自己的封地去,更是对贾谊怀恨在心,所以,当文帝想要高调提拔贾谊的时候,他们群起而攻之:"洛阳之人,年少初学,专欲擅权,纷乱诸事。"①事实上,对于这个说法,文帝只要稍加分析就能判断这帮人的真实用意,所以,文帝最终不用贾谊,也是通过自己权衡利弊之后做出的决定,也正是因为如此,对于贾谊提出的许多治国主张,除了"易服色,法制度,定官名"一项文帝因为考虑到时机尚未成熟而没有及时采纳以外,其他各项几乎均被采纳和施行了。据《史记》记载,"诸律令所更定,及列侯悉就国,其说皆自贾生发之"②。所以,文帝不用贾谊,其中主要的原因一方面是当时文帝即位时间不长,而周勃、灌婴等人又是先帝的功臣,位高权重,尤其是周勃,据《史记》记载,协助汉高祖刘邦打天下真的是倾尽全力,南征北战,立下了赫赫战功,以至于"赐爵列侯,剖符世世勿绝。食绛八千一百八十户,号绛侯",于情于理,文帝不可能轻易得罪这样的人。③ 另一方面,据《史记》记载:"诸吕吕产等欲为乱,以危刘氏,大臣共诛之。谋召立代王,事在吕后语中。"④等到汉文帝正式即位,又"谒高庙。右丞相平徙为左丞相,太尉周勃为右丞相,大将军灌婴为太尉。诸吕所夺齐楚故地,皆复与之"⑤。因此,这帮大臣确实是直接为文帝继承皇位立下了汗马功劳,而且都是文帝身边的左右手,迫于这样的形势,文帝对于是否用贾谊这件事,显得有点左右为难。

　　另外,导致当时文帝疏远贾谊的另一个重要原因是文帝的宠臣佞幸邓通,此人其实无任何过人之处,却不承想因为一个极其荒唐的原因而得宠于文帝。据《史记》记载:"孝文时中宠臣,士人则邓通,……邓通无伎能。邓通,蜀郡南安人也,以濯船为黄头郎。孝文帝梦欲上天,不能,有一黄头郎从后推之上天,顾见其衣裻带后穿,梦中所见也。召问其名姓,姓邓氏,名通,文帝说焉,尊幸之日异。"⑥更令人不可思议的是,"文帝赏赐通巨万以十数,官至上大夫。文帝时时如邓通家游戏。然邓通无他能,不能有所荐士,独自谨其身以媚上而已。……赐邓通蜀严道铜山,得自铸钱,'邓氏钱'布天下。

① 司马迁:《史记·屈原贾生列传》卷 84,中华书局 2011 年版,第 2192 页。
② 司马迁:《史记·屈原贾生列传》卷 84,中华书局 2011 年版,第 2192 页。
③ 司马迁:《史记·绛侯周勃世家》卷 57,中华书局 2011 年版,第 1837 页。
④ 司马迁:《史记·孝文本纪》卷 10,中华书局 2011 年版,第 349 页。
⑤ 司马迁:《史记·孝文本纪》卷 10,中华书局 2011 年版,第 353 页。
⑥ 司马迁:《史记·佞幸列传》卷 125,中华书局 2011 年版,第 2766 页。

其富如此"①。巧合的是当时贾谊恰好和邓通同时随侍文帝,且地位又不相上下。对于因为如此偶然的原因又无任何真才实学却受到文帝如此宠爱的邓通,贾谊的反感之情是可想而知的,两人常常在文帝面前各自攻击对方,却不承想由于文帝和邓通的这层来自梦中的特殊关系,文帝反而近邓通而远贾谊。这样,内有邓通进谗,外有大臣诽谤,导致贾谊满腹才华却无处施展,以至于在朝廷的立足之地也丧失了。结果是"天子后亦疏之,不用其议,乃以贾生为长沙王太傅"②。

关于贾谊的此番遭遇,宋代文学家苏轼在他写的《贾谊论》中有非常详细的评论,很值得我们思考和研究。在此摘录其主要内容:

> 非才之难,所以自用者实难。惜乎!贾生王者之佐,而不能用其才也。……愚观贾生之论,如其所言,虽三代何以远过?得君如汉文,犹且以不用死。然则是天下无舜尧,终不可有所为耶?……若贾生者,非汉文之不用生,生之不能用汉文也。夫绛侯亲握天子玺而授之文帝,灌婴连兵数十万,以决刘、吕之雌雄,又皆高帝之旧将,此其君臣相得之分,岂特父子骨肉手足哉?贾生,洛阳之少年,欲使其一朝之间,尽弃其旧而谋其新,亦已难矣。为贾生者,上得其君,下得其大臣,如绛、灌之属,优游浸渍而深交之,使天子不疑,大臣不忌,然后举天下而唯吾之所欲为,不过十年,可以得志。安有立谈之间,而遽为人痛哭哉!观其过湘为赋以吊屈原,纡郁愤闷,趯然有远举之志。其后卒以自伤哭泣,至于夭绝,是亦不善处穷者也。夫谋之一不见用,安知终不复用也!不知默默以待其变,而自残至此。呜呼!贾生志大而量小,才有余而识不足也。古之人有高世之才,必有遗俗之累,是故非聪明睿哲不惑之主,则不能全其用。古今称苻坚得王猛于草茅之中,一朝尽斥去其旧臣而与之谋。彼其匹夫略有天下之半,其以此哉!愚深悲生之志,故备论之。亦使人君得如贾谊之臣,则知其有狷介之操,一不见用,则忧伤病沮,不能复振。而为贾生者,亦谨其所发哉!(选自《四部丛刊》本《经进东坡文集事略》)

苏轼的分析不可谓不透彻,尤其是那句"非汉文之不能用生,生之不能用汉

---

① 司马迁:《史记·佞幸列传》卷125,中华书局2011年版,第2766页。
② 司马迁:《史记·屈原贾生列传》卷84,中华书局2011年版,第2192页。

文也",他把问题主要归咎于贾谊,一方面觉得贾谊有点不通人情世故,不懂得处理人际关系的技巧;另一方面其实也对贾谊有才而不能被重用表达了痛惜之情,他对贾谊的才华无疑表达了极度赏识的态度。但无奈乎"贾生志大而量小,才有余而识不足",因此,即便有高世之才而无遗俗之能,恐怕还是不能让当权者"全其用"的。平心而论,这与贾谊的年少气盛的确有很大的关系,他的超强的学习能力和领悟能力已经是世所公认,但是,他毕竟涉世不深,不通人情世故也是不争的事实。即便他能从书上学到许多做人的道理,但毕竟需要通过实践的,他的遭遇,事实上已经证明了这一点。从这个角度而言,贾谊确实有欠缺的地方,不过,话又说回来,施展雄才大略与处理好各种人际关系,有时候还真的很难两全。苏轼提到希望贾谊能"上得其君,下得其大臣,如绛灌之属,优游浸渍而深交之,使天子不疑,大臣不忌,然后举天下而唯吾之所欲为",这恐怕不是一般人能做到的,大凡有骨气的人,尤其是有骨气又才华横溢的人,是很难与小人或庸人同流合污的,他们往往会远离这些人,想要深交谈何容易?对于周勃的不通文学,对于邓通的极度无能,依贾谊的个性,恐怕是无法与他们深交的,这也从另一个侧面说明贾谊是一个很有是非观和重气节的人,所以,贾谊被贬长沙真的不是贾谊自己所能左右得了的,是由各种因素共同促成的。另外,苏轼提到贾谊"一不见用,则忧伤病沮,不能复振",此话是有失公允的,无论是贾谊任长沙王太傅期间还是任梁怀王太傅期间,都积极向汉文帝建言献策,提出了许多有建设性的主张,并多数被文帝所采纳,苏轼之所以会如此评论,恐怕还是受了《史记》中记载的"贾生自伤为傅无状,哭泣岁余,亦死"①的影响,故把贾谊看成一个悲情人物。

文帝三年,即公元前177年,贾谊出任长沙王太傅。长沙国主要是指现在的湖南省一带,大部分地处长江以南,离都城长安有数千里之遥。在那样一个交通工具极其有限的年代,仅长途跋涉之艰辛就足以让贾谊感慨万千的了,何况还要承受如此巨大的被贬谪的心理落差。作为一个有远见卓识的思想者,满腹才华却无用武之地,其当时心态之复杂可想而知,"贾生既辞往行,闻长沙卑湿,自以为寿不得长,又以谪去,意不自得"②。在出任途中,经过战国时楚国的三闾大夫屈原因遭谗被放逐而投江自尽的地方——汨罗,他想到了爱国诗人屈原的那句"举世混浊而我独清,众人皆醉而我独醒",再跟自己当时的处境相对照,在情感上自然会产生强烈的共鸣。于是,

① 司马迁:《史记·屈原贾生列传》卷84,中华书局2011年版,第2201页。
② 司马迁:《史记·屈原贾生列传》卷84,中华书局2011年版,第2192页。

贾谊写下了千古名篇《吊屈原赋》，一方面借此来表达自己对屈原的崇敬之情，另一方面当然也是想借此机会来抒发自己的郁郁不得志之情。在此摘录其全文：

> 恭承嘉惠兮，俟罪长沙。侧闻屈原兮，自沉汨罗。造托湘流兮，敬吊先生：遭世罔极兮，乃殒厥身。呜呼哀哉！逢时不祥。鸾凤伏窜兮，鸱枭翱翔。阘茸尊显兮，谗谀得志。贤圣逆曳兮，方正倒植。世谓随、夷为溷兮，谓跖、𫏋为廉；莫邪为钝兮，铅刀为铦。吁嗟默默，生之无故兮，斡弃周鼎，宝康瓠兮。腾驾罢牛，骖蹇驴兮。骥垂两耳，服盐车兮。章甫荐履，渐不可久兮。嗟苦先生，独离此咎兮。
>
> 讯曰：已矣！国其莫我知兮，独壹郁其谁语？凤漂漂其高逝兮，固自引而远去。袭九渊之神龙兮，沕深潜以自珍。偭蟂獭以隐处兮，夫岂从虾与蛭蟥？所贵圣人之神德兮，远浊世而自藏。使骐骥可系而羁兮，岂云异夫犬羊？般纷纷其离此尤兮，亦夫子之故也。历九州而相其君兮，何必怀此都也？凤皇翔于千仞兮，贤德辉而下之。见细德之险征兮，遥曾击而去之。彼寻常之污渎兮，岂能容夫吞舟之巨鱼？横江湖之鳣鲸兮，固将制于蝼蚁。（《吊屈原赋》）

这里首先需要说明的是，具体而言，屈原的遭遇与贾谊当时的遭遇毕竟是有区别的，虽然汉文帝也听信了谗言让贾谊出任长沙王太傅，但不能因此认为文帝是个昏庸的皇帝，他在位期间的政绩也是有目共睹的，"文景之治"至今仍被传为美谈就是一个不争的事实，在西汉历史上，文帝被群臣公认为"德莫盛于孝文皇帝"也是历史事实，所以文帝断然不能被称为一个昏君，而楚怀王则几近昏君，既没有分辨是非的能力，又多次听不进屈原的忠告，虽客死他乡，仍无法让人同情。针对楚怀王的结局，司马迁曾经说过一段发人深省的话："人君无愚智贤不肖，莫不欲求忠以自为，举贤以自佐，然亡国破家相随属，而圣君治国累世而不见者，其所谓忠者不忠，而所谓贤者不贤也。怀王以不知忠臣之分，故内惑于郑袖，外欺于张仪，疏屈平而信上官大夫、令尹子兰。兵挫地削，亡其六郡，身客死于秦，为天下笑。此不知人之祸也。易曰：井渫不食，为我心恻，可以汲。王明，并受其福。王之不明，岂足福哉！"①所任之人忠者不忠，贤者不贤，如何能治理好国家？如何能安定社稷

---

① 司马迁：《史记·屈原贾生列传》卷 84，中华书局 2011 年版，第 2186 页。

大业？将屈原对楚怀王的怨恨比之于贾谊对汉文帝的怨恨肯定是有过之而无不及的。所以，我认为贾谊在《吊屈原赋》中所说的内容，应该更多的是对屈原事件的陈述和感怀，而不是想借此来隐喻自己。当然，他当时与屈原有同样的心境是可以理解的，只是在程度上一定是有深浅之别的，所以，对于贾谊的《吊屈原赋》，我们更多的应该是欣赏他的文学素养和洞察是非的智慧，而不是从中得出贾谊是一个愤世嫉俗之辈的结论，那样的结论对贾谊来说是不公平的。我认为他是一个虽身处逆境却仍然具有乐观主义精神的人，这从《吊屈原赋》的最后几句中是可以解读出来的："凤凰翔于千仞兮，贤德辉而下之。见细德之险征兮，遥曾击而去之。彼寻常之污渎兮，岂能容夫吞舟之巨鱼？横江湖之鳣鲸兮，固将制于蝼蚁。"这几句话既能让我们感受到贾谊对自我高度肯定的一面，又能体味到他对自己的未来充满无限信心和希冀的一面。

长沙国是当时汉朝唯一的一个异姓（非刘氏）王国，非常安分守己。贾谊到长沙时，正是长沙靖王吴著（吴芮的后代）在位的时期。长沙虽远离长安，但贾谊仍然在遥远的南方关注着朝廷的安危，遇到重大的事情，就会上疏文帝，发表自己的治国主张。"礼待大臣"的建议就是在这个时候提出来的。就在贾谊被贬谪到长沙的同一年，即文帝三年（前177），周勃免相就国，回到了自己的封地绛县。"每河东守尉行县至绛，绛侯勃自畏恐诛，常被甲，令家人持兵以见之。其后人有上书告勃欲反，下廷尉。廷尉下其事长安，逮捕勃治之。勃恐，不知置辞。吏稍侵辱之。"①后来绛侯周勃在狱中受到了各种刑罚，幸亏文帝的母亲薄太后为其辩护，才得以赦免。贾谊在长沙得知此事后，为周勃鸣不平，于是上疏文帝，摆事实、讲道理，劝文帝一定要礼待大臣，以维护自己的威信，并用"投鼠忌器"的道理来比喻之："鄙谚曰：'欲投鼠而忌器'，此善喻也。鼠近于器，尚惮而弗投，恐伤器也，况乎贵大臣之近于主上乎？"（《阶级》）这个比喻非常形象，汉文帝很快采纳了贾谊的建议，"上深纳其言，养臣下有节。是后大臣有罪，皆自杀，不受刑"②。

贾谊在出任长沙王太傅时向汉文帝提出的另一个重要建议是劝汉文帝下令禁止私人铸钱，上了《谏铸钱疏》。据《史记》记载："至孝文时，荚钱益多，轻，乃更铸四铢钱，其文为'半两'，令民纵得自铸钱。故吴，诸侯也，以即山铸钱，富埒天下，其后卒以叛逆。邓通，大夫也，以铸钱财过王者。故吴、

---

① 司马迁：《史记·绛侯周勃世家》卷57，中华书局2011年版，第1841页。

② 班固：《汉书·贾谊传》卷48，中华书局1962年版，第2260页。

邓氏钱布天下,而铸钱之禁生焉。"①邓通此人,在前文中已经提到过,因为一个特殊的原因得到了汉文帝的宠幸,汉文帝曾经"赐邓通蜀严道铜山,得自铸钱。'邓氏钱'布天下,其富如此"②。前文中的"吴"是指吴王刘濞,"吴有豫章郡铜山,濞则招致天下亡命者盗铸钱,煮海水为盐,以故无赋,国用富饶"③。刘濞开豫章郡铜山铸钱,使吴钱也遍布天下。这样就造成了币制的严重混乱。于是,远在长沙的贾谊向汉文帝上了《谏铸钱疏》,痛陈私铸铜钱的危害,认为允许私铸铜钱会导致"黥罪繁积",理由是允许私人铸钱后,为利益所驱,必然会有人掺假,而掺假是犯法的事,但总是会有人敢冒犯法的风险,这就会导致黥罪日积,所以贾谊认为这其实是一种"为民设阱"的做法,即诱使老百姓去犯法;而且私人铸钱会使"钱文大乱",并进一步造成社会的动荡;又因为铸钱的利益大于农事所得,使许多人参与私铸而导致"农事不为",于是出现"奸钱日多,五谷不为多"的混乱局面。所以,允许私铸危害多多,贾谊建议文帝下令禁止。

贾谊的这个建议可谓一举多得,为了有效地解决这个问题,贾谊确实是经过了一番认真的思虑,王夫之在他的《读通鉴论》中就对贾谊的这个建议作了充分的肯定,并且增加了一些创新性的观点:"文帝除盗铸钱令,使民得自铸,固自以为利民也。夫能铸者之非贫民,贫民之不能铸,明矣。奸富者益以富,朴贫者益以贫,多其钱以敛布帛、菽粟、漆、鱼盐、果缲,居赢以持贫民之缓急,而贫者何弗日以贫邪!耕而食,桑苎而衣,池而鱼鳖,圈牢而牛豕,伐木艺竹而材,贫者力以致之,而获无几;富者虽多其隶佣,而什取其六七焉。以视铸钱之利,相千万而无算。即或贷力于贫民,而雇值之资亦仅耳,抑且仰求而后可分其波润焉。是驱人听豪右之役也。"(《读通鉴论》卷二)他通过对允许私人铸钱这件事情进行进一步的分析后发现,其实真正能从铸钱中获益的是那些奸富者,而不是贫民,结果使富者更富,贫者更贫,进一步拉大了贫富差距,从而加剧社会矛盾,引起社会动荡。这也从另一个侧面证明了贾谊当时提出这个建议是具有远见卓识的。然而,这个建议虽好,但当时邓通是文帝的宠臣,吴王刘濞又远在东方,很难掌控。因此,贾谊的这个建议在当时没有被文帝及时采纳,倒是更增加了邓通对他的怨恨之情。

汉文帝五年(前175),贾谊在长沙两年多后的一个黄昏,有一只鹏鸟飞进了他的官邸,停留在一张椅子上,据《史记》记载:"贾生为长沙王太傅三

---

① 司马迁:《史记·平准书》卷30,中华书局2011年版,第1312页。
② 司马迁:《史记·佞幸列传》卷125,中华书局2011年版,第2766页。
③ 司马迁:《史记·吴王濞列传》卷106,中华书局2011年版,第2462页。

年,有鵩飞入贾生舍,止于坐隅。"①鵩即鵩鸟,也就是俗称的猫头鹰,当时的人们一般认为这是一种不吉利的鸟。按照司马迁的意思,贾谊遭遇贬谪后来到长沙,因为不适应当地的地理环境,心情多少有些抑郁,总认为自己的寿命不会太长,看到这只不祥之鸟,一时感慨良多,写下了《鵩鸟赋》,"贾生既以谪居长沙,长沙卑湿,自以为寿不得长,伤悼之,乃为赋以自广"②。下面摘录其全文,以供后面的分析之用。

> 单阏之岁兮,四月孟夏,庚子日斜兮,鵩集予舍。止于坐隅兮,貌甚闲暇。异物来萃兮,私怪其故。发书占之兮,谶言其度,曰:"野鸟入室兮,主人将去。"请问于鵩兮:"予去何之?吉乎告我,凶言其灾。淹速之度兮,语予其期。"鵩乃叹息,举首奋翼;口不能言,请对以臆:

> 万物变化兮,固无休息。斡流而迁兮,或推而还。形气转续兮,变化而嬗。沕穆无穷兮,胡可胜言!祸兮福所依,福兮祸所伏;忧喜聚门兮,吉凶同域。彼吴强大兮,夫差以败;越栖会稽兮,勾践霸世。斯游遂成兮,卒被五刑;傅说胥靡兮,乃相武丁。夫祸之与福兮,何异纠纆;命不可说兮,孰知其极!水激则旱兮,矢激则远;万物回薄兮,振荡相转。云蒸雨降兮,纠错相纷;大钧播物兮,块圠无垠。天不可预虑兮,道不可预谋;迟速有命兮,焉识其时。

> 且夫天地为炉兮,造化为工;阴阳为炭兮,万物为铜。合散消息兮,安有常则?千变万化兮,未始有极,忽然为人兮,何足控抟;化为异物兮,又何足患!小智自私兮,贱彼贵我;达人大观兮,物无不可。贪夫殉财兮,烈士殉名。夸者死权兮,品庶每生。怵迫之徒兮,或趋西东;大人不曲兮,意变齐同。愚士系俗兮,窘若囚拘;至人遗物兮,独与道俱。众人惑惑兮,好恶积亿;真人恬漠兮,独与道息。释智遗形兮,超然自丧;寥廓忽荒兮,与道翱翔。乘流则逝兮,得坻则止;纵躯委命兮,不私与己。其生兮若浮,其死兮若休;澹乎若深渊止之静,泛乎若不系之舟。不以生故自宝兮,养空而浮;德人无累兮,知命不忧。细故蒂芥兮,何足以疑!(《鵩鸟赋》)

在这篇赋中,贾谊明显地表达了一种道家情结,借用了许多老子和庄子

---

① 司马迁:《史记·屈原贾生列传》卷84,中华书局2011年版,第2196页。
② 司马迁:《史记·屈原贾生列传》卷84,中华书局2011年版,第2196页。

的观点,其内容充满了辩证思维,表达了一种达观、达道的境界。后人一直拘泥于司马迁《史记》中的观点,始终认为贾谊写这篇赋的时候是带着一种强烈的悲观情结的,而且把贾谊的情状想象成悲凉的、脆弱的,我对此表示不认同。首先,司马迁提到贾谊"自以为寿不得长",这一定是司马迁个人的主观想象,尤其是知道贾谊英年早逝这个结果后的主观想象,我认为这是不足为后人据的。首先,从赋中的"吉乎告我,凶言其灾"一句,似乎能解读出贾谊对自己仕途转机的一种希冀,这倒不是说贾谊对仕途有多贪恋,而是因为对于朝廷的许多事情,贾谊实在太想向汉文帝建言献策,因为长沙离长安实在太遥远,有诸多的不便,这其实是一种强烈的社会责任感的驱使,这从后来贾谊任梁怀王太傅后向朝廷提出许多有建设性的主张当中可以合理地推测到。所以,我不认为这篇赋体现了贾谊的一种悲观情结。

其次,在这篇赋中,辩证思维跃然于字里行间,由此看来,即便贾谊认为自己是遭贬谪而来到长沙,应该也是可以很快地调整好自己的心态的,绝对不会终日郁郁寡欢,如他认为的"斡流而迁兮,或推而还""福兮祸所倚,祸兮福所伏;忧喜聚门兮,吉凶同域""命不可说兮,孰知其极""迟速有命兮,恶识其时"等等,当看破了这些之后,就能将一时的得失置之度外,就一定会有一种达观的人生态度。还有他在《铜布》一文中也曾经提到"故善为天下者,因祸而为福,转败而为功"这个观点,所以,我认为贾谊的思想主调从总体而言一直是主张积极有为的,强调事在人为,充分重视人的主观能动性的发挥,用积极乐观的心态去关注事物的发展,这是一种积极有为的辩证思想。

再次,从这篇赋中还可以明显地解读出贾谊的那种达"道"的境界。这也将是我后面要着重论述的贾谊政治哲学思想的本体论依据的一个体现之一,即贾谊思想体系中那种成熟的"道"本体论观念。在这篇赋中,总共有四处出现了"道"字,分别是:"天不可与虑兮,道不可与谋""至人遗物兮,独与道俱""真人淡漠兮,独与道息""寥廓忽荒兮,与道翱翔","道"的境界至高至远至广大,只有那些"至人、真人"才能达到这样的境界,领悟了"道",也就把握了整个世界,也就不会为外物所累,徒生烦恼。所以,贾谊说:"小知自私兮,贱彼贵我;通人大观兮,物无不可,⋯⋯德人无累兮,知命不忧",这是一种超然物我的境界,此处还出现了一个"德"字,这是符合贾谊"道为德之本,德为道之用"的哲学思想的。

应该这样说,贾谊的英年早逝只是一个意外,这并不是像有些人所认为的是一种人格悲剧,恰恰相反,贾谊早就具备了一种超然物我的达"道"境界。

### 2.3.3 文帝再召,辅佐太子

汉文帝七年(前173),文帝又把贾谊从长沙召回长安。据《史记》记载:"孝文帝方受釐,坐宣室。上因感鬼神事,而问鬼神之本。贾生因具道所以然之状。至半夜,文帝前席。既罢,曰:'吾久不见贾生,自以为过之,今不及也。'居顷之,拜贾生为梁怀王太傅。梁怀王,文帝少子,爱,而好书,故令贾生傅之。"[1]这就是后人经常提及的与"宣室谈鬼神"有关的事情。文帝在未央宫祭祀鬼神的宣室召见了贾谊,当时刚祭祀完毕,祭神的物品还摆在供桌上。文帝表示对鬼神的事情感到有些疑问,就借机问贾谊,而贾谊却能"俱道所以然之状",也就是说把有关祭祀鬼神这件事情的缘由和来龙去脉说得清清楚楚,明明白白。这让汉文帝听得入神,并因此大发感慨:"自以为过之,今不及也。"《史记》的这段描述,是很值得人深思的。尤其是汉文帝说的"吾久不见贾生,自以为过之,今不及也"这句话,它至少给我们以下两个信息:其一,贾谊的才华确实不是一般人所能及,如前所述,贾谊因吴公推荐而成为汉朝的博士官,博士主要是掌《诗》《书》和百家之言的,因此当时博士的学识显然是十分渊博的。据史料记载,汉初的博士大约有七十多个,"文帝的博士有七十余人,数目和始皇差不多"[2],而在贾谊入朝后的第一年中,文帝独独在一年中三次提拔贾谊,可想而知文帝对贾谊的才华确实是非常佩服的,这一点在此再次得到了印证。其二,汉文帝虽然欣赏贾谊的才华,但因为他实在太过出色,所以汉文帝也心生羡慕,甚至有想与贾谊一较高下的想法,但没有想到四年过后,当汉文帝再次见到贾谊,在宣室问他鬼神之事,当文帝听完贾谊的一番宏论后,十分感慨地说出"吾久不见贾生,自以为过之,今不及也"这样的话,可以让我们清楚地感觉到汉文帝这个时候更多地表现出的应该是对贾谊才华发自内心的欣赏。所以,过不多久,汉文帝拜贾谊为梁怀王太傅。

关于上面提到的"鬼神之本"这件事,在贾谊的《道德说》一文中已经有了明确的回答。在此文中,贾谊先把以"道"为本的"德"作了细致入理的分析,认为"德"有六理、六美等等,六理是指"道、德、性、神、明、命",六美是指"有道、有仁、有义、有忠、有信、有密",然后进一步说:

> 人能修德之理,则安利之,谓福。莫不慕福,弗能必得,而人心以为

---

① 司马迁:《史记·屈原贾生列传》卷84,中华书局2011年版,第2201页。
② 顾颉刚:《汉代学术史略》,人民出版社2008年版,第45页。

鬼神能与于利害,是故具牺牲俎豆粢盛,斋戒而祭鬼神,欲以佐成福,故曰祭祀鬼神,为此福者也。(《道德说》)

这就是祭祀鬼神的真正原因,贾谊居然能把以"道"为本的"德"与祭祀鬼神这两件看似风马牛不相及的事情联系在一起进行论述,确实给人耳目一新之感,难怪汉文帝听得入神,并对贾谊更是欣赏有加。对于这件事,唐朝诗人李商隐很不以为然,写了一首绝句来抨击汉文帝:"宣室求贤访逐臣,贾生才调更无伦。可怜夜半虚前席,不问苍生问鬼神。"我觉得李商隐有断章取义之嫌,因为如果搞清了贾谊在宣室跟汉文帝所谈论的鬼神之事的来龙去脉,我们就会发现,这同样是关乎苍生的大事,并非李商隐所认为的仅仅是跟迷信有关的无聊的话题。

梁怀王是文帝最喜爱的小儿子,名刘揖,又名刘胜,客观地来说,文帝任命贾谊为梁怀王太傅,应该是对贾谊才华的一种高度肯定,但这对贾谊来说绝对谈不上是升迁。虽然,当贾谊再次回到长安的时候,朝廷上人事已发生了很大的变化,曾经排挤过他的灌婴已死,周勃在遭冤狱被赦免后已经离开朝廷回到他的封地绛县,从此不再过问朝中政事,有学者猜测,在这样的情况下文帝还是没有对贾谊委以重任的原因,可能还是由于佞臣邓通仍在文帝身边,这使得贾谊不可能真正得到文帝的重用。我觉得这种可能性也许是存在的。好在贾谊所关心的主要不是自己职位上的升降,他想得更多的是如何更好地为西汉王朝的稳固出谋划策。这从他其后多次向汉文帝建言献策的内容中是很容易看出来的。据史料记载,当时,西汉王朝主要面临两个矛盾:其一是中央政权同地方诸侯王之间的矛盾;其二是西汉王朝同北方少数民族政权匈奴之间的矛盾。随着时间的推移,这两个矛盾有尖锐化的趋势。首先是诸侯王反叛的事情时有出现,如济北王刘兴居、淮南王刘长接连叛乱,吴王刘濞则显示了更大的野心,如果不解决好这个问题,将国无宁日;其次是匈奴人经常南下侵扰西汉的北部边境。面对这样的现实,贾谊多次向文帝上疏,特别值得一提的是他在文帝七年(前173)所上奏的《治安策》,也叫《陈政事疏》。

《治安策》是贾谊的著名作品。西汉初期,那些实力较强的诸侯王不断地扩充自己的势力,导致中央与地方权力不平衡,诸侯王几度叛乱,再加上北部边境匈奴的骚扰和其他社会问题的存在,使得遭贬谪而远在长沙的贾谊非常担忧朝廷的安危。"是时(指文帝七年),匈奴强,侵边。天下初定,制度疏阔。诸侯王僭拟,地过古制,淮南、济北王皆为逆诛。谊数上疏陈政事,多所欲匡建。"①于是贾谊根据当时的情境以及借鉴历史的经验教训写下了《治安策》这篇宏文。尤其是《治安策》中所提到的"众建诸侯而少其力"的主张以及其他治国策略的提出对当世及后世产生了深远的影响,后来的晁错、主父偃等人就解决诸侯王叛乱问题所提出的一系列主张,可以说在一定程度上是对贾谊思想的继承和发展。《治安策》对后世的影响力不仅仅体现在其治国策略的足智多谋上,更因其优雅流畅的行文风格而被后人所推崇。毛泽东就十分欣赏《治安策》,称它是西汉第一雄文。

《治安策》内容庞杂,所论及的问题颇多,大致包括《新书》中的《宗首》《数宁》《藩强》《制不定》《俗激》《时变》《孽产子》《亲疏危乱》《解县》《威不信》《势卑》等诸篇的内容。关于《新书》和《治安策》的继承关系,历来有不同的说法,宋代的王应麟认为,"班固作传,分散其书(指《新书》),参差不一,总其大略"(《汉书·艺文志考证》)。而卢文弨说:《治安策》见班固书者乃一篇,此(指《新书》)离而为四五,后人以此为是贾生平日所草创,岂其然欤?"(《抱经堂文集》卷十)然而,清代的姚鼐却认为:"班氏所载贾生之文,条理贯通,其辞甚伟。及为伪作者分晰不复成文,而以陋辞联厕其间,是诚由妄人之谬,非传写之误也。"(《惜抱轩文集》卷五)由此看来,说法颇多,但是,《贾谊集校注》一书的作者认为:"卢文弨的见解比较公允。《新书》应是贾谊的平日论撰(或经过后人整理、点窜),故能保持作者原来的语言风格,并不是'不复成文'。班固在《汉书》中采用时,势必要进行文字上的加工,况且,班固也曾明确指出'谊数上疏',说明了《治安策》是一篇综合性的资料,并不是贾谊的原文。"②如此,关于《治安策》一文的来龙去脉已经基本清楚了,我认为,即便班固对贾谊的文章进行了加工和综合,但文章的内容和主旨应该没有被改变,所以其价值没受到任何影响。下面就前面两段稍作分析。

《治安策》开篇说:

> 臣窃惟事势,可为痛哭者一,可为流涕者二,可为长太息者六,若其他背理而伤道者,难遍以疏举。进言者皆曰天下已安已治矣,臣独以为未也。曰安且治者,非愚则谀,皆非事实知治乱之体者也。夫抱火厝之积薪之下而寝其上,火未及燃,因谓之安,方今之势,何以异此!本末舛逆,首尾衡决,国制抢攘,非甚有纪,胡可谓治!陛下何不一令臣得熟数之于前,因陈治安之策,试详择焉!(《治安策》)

---

① 班固:《汉书·贾谊传》卷48,中华书局1962年版,第2230页。
② 吴云、李春台:《贾谊集校注》,天津古籍出版社2010年版,第367页。

从这里可以看出贾谊强烈的社会责任感、深切的忧患意识,以及敢于直言不讳的个性品格、综观时势的雄才大略。

> 夫树国固,必相疑之势,下数被其殃,上数爽其忧,甚非所以安上而全下也。今或亲弟谋为东帝,亲兄之子西乡而击,今吴又见告矣。天子春秋鼎盛,行义未过,德泽有加焉,犹尚如是,况莫大诸侯,权力且十此者虖!然而天下少安,何也?大国之王幼弱未壮,汉之所置傅相方握其事。数年之后,诸侯之王大抵皆冠,血气方刚,汉之傅相称病而赐罢,彼自丞尉以上偏置私人,如此,有异淮南、济北之为邪!此时而欲为治安,虽尧舜不治。黄帝曰:"日中必熭,操刀必割。"今令此道顺而全安,甚易,不肯早为,已乃堕骨肉之属而抗刭之,岂有异秦之季世虖!(《宗首》)

贾谊能透过现象分析事物的本质,从而得出一个合理化的推论,在他看来,若不趁早处理好诸侯王与中央政权的关系问题,那么,随着他们实力的增强,是一定会伺机反叛的,这既不利于中央政权的巩固,同时最终也会让诸侯王自己遭殃,一举两失,对双方都不利,因此他提出了"众建诸侯而少其力"的主张,通过众建诸侯,在原来诸侯国的土地上再建立侯国,从而削弱原来诸侯王的实力,使他们无力再对抗中央,这样就可以从原来的两失转变成一举两得。

> 夫树国必审相疑之势,下数被其殃,上数爽其忧,凶饥数动,彼必将有怪者生焉。祸之所罹,岂可豫知?故甚非所以安主上,非所以活大臣者也,甚非所以全爱子者也。既已令之为藩臣矣,为人臣下矣,而厚其力,重其权,使有骄心而难服从也,何异于善砥锷?而予射子,自祸必矣。爱之,故使饱粱肉之味,玩金石之声,臣民之众,土地之博,足以奉养宿卫其身。(《藩伤》)

在此文中贾谊所提到的"活大臣""全爱子"的观点特别可贵,再一次体现了贾谊在考虑如何处理人事问题的时候总能做到各方兼顾的思想,这是一种强调君主治国一定要注重德政的理念。

### 2.3.4 命运多难,英年早逝

汉文帝十一年(前169),梁怀王刘揖在入朝途中骑马摔死了,对此,贾谊感到非常自责,认为自己没有尽到太傅的责任,并因此而哭泣。在此需要说明的是,因为关于梁怀王坠马死后贾谊的自责情状,史料没有更多的记载,我们所能知道的只有《史记》和《汉书》中的相关记载:"贾生自伤为傅无状,哭泣岁余,亦死。"①许多学者在解读这段话的时候,基本是理解为是贾谊经常哭泣,甚至有的认为是哭泣了一年多,并把这个看成是贾谊英年早逝的直接原因,而且还因此把贾谊看成是一个悲观主义者。但我认为,这其实是有待商榷的,首先,从贾谊留给后人的作品中,并不能看出太多的悲观情结,恰恰相反,他更多地体现出来的是一个充满了积极有为思想的乐观主义者,他总能从存在的社会问题中找到解决的对策,并能看到美好的希望,即便遭遇排挤,远离长沙,照样能尽职尽责地干好自己的本职工作,并积极向汉文帝献计献策。所以,从这些情况来推论,我认为或许这样来理解更符合实际一些,即将《史记》中的"哭泣岁余,亦死"断句成为"哭泣,岁余亦死"。将标点符号作这样的改动,其意思就可以理解为,对于梁怀王的死,贾谊当然感到自责和痛心,因此哭泣是很正常的现象,但并没有终日哭泣甚至哭泣了一年多,至于对贾谊一年多后也死了这个事实原因的认定,那就可以有许多猜测了,譬如,有可能是因为"长沙卑湿",导致水土不服生了疾病,或者也有可能是别的原因等等。这样理解也更符合梁怀王死后的事实,因为在这之后,贾谊仍然积极向汉文帝献计献策,提出了许多有建设性的积极主张,如向汉文帝上疏《请封建子弟疏》,即《新书》中的《益壤》《权重》等政论文。

梁怀王刘揖没有儿子,按之前的惯例,梁怀王的封国就要被撤销。贾谊认为,如果这样做,将对整个局势不利,因为这从某种程度上来说等于是削弱了汉文帝的势力,所以,贾谊建议汉文帝不如加强他的两个亲儿子淮阳王刘武和代王刘参的地位。为此,贾谊建议,为梁王刘揖立继承人,或者让代王刘参迁到梁国来,以此扩大梁国和淮阳国的封地。使前者的封地北到黄河,后者南到长江,从而连成一片。

> 今淮南地远者或数千里,越两诸侯而县属于汉,其苦之甚矣。其欲有卒也,类良有所至,遣走而归诸侯,殆不少矣!此终非可久以为奉地也。陛下岂如蚤便其势,且令他人守郡,岂如令子?臣之愚计,愿陛下举淮南之地以益淮阳。梁即有后,割淮阳北边二三列城与东郡以益梁,即无后息;代可徙而都睢阳。梁起新郑以北著之河,淮阳包陈以南揵之

---

① 司马迁:《史记·屈原贾生列传》卷84,中华书局2011年版,第2201页。

江,则大诸侯之有异心者,破胆不敢谋。今所恃者,代、淮阳二国耳,皇
太子亦恃之。如臣计,梁足以捍齐、赵,淮阳足以禁吴、楚,则陛下高枕
而卧,终无山东之忧矣。臣窃以为此二世之利也。若使淮南久县属汉,
特以资奸人耳。惟陛下幸少留意。(《益壤》)

这样一来,如果一旦国家有事,梁王国足以抵御齐赵,淮阳王国足以控制吴
楚,文帝就可以安然消除山(指华山)东地区的忧患了。文帝听了贾谊的建
议,因代王封地北接匈奴,地位重要,没有加以变动,就迁淮阳王刘武为梁
王,另迁城阳王刘喜为淮南王。有学者认为贾谊一方面提出要"众建诸侯而
少其力",另一方面又要扩大梁国的封地,前后自相矛盾,而我认为,这恰恰
说明了贾谊策略的灵活性,能因势而变,否则就是思想僵化的表现了。此处
也是贾谊继承法家思想的表现之一,因为法家特别强调"因时因势而变"的
重要性。从后来吴楚七国之乱中梁王刘武坚决抵御的事实来看,根据贾谊
的这个建议所作的部署,确实是深谋远虑的。所以,亲疏远近之间,还要把
握好一个度的问题,作为皇帝当然要培植自己特别信得过的几个亲信,否则
一旦有事,就会陷入势单力薄的境地。

文帝十二年(前168),贾谊结束了他短暂的生命,终年只有33岁。纵观
贾谊的一生,虽满腹才华,却始终未能登上公卿之位,仕途不得志是客观的
事实,但他的许多逻辑严密又具有远见卓识的治国主张,还是引起了汉文帝
的重视,而且有许多主张是直接被汉文帝采纳的,从这个角度而言,贾谊也
可得到些许的安慰,正如北宋著名思想家王安石所言:"一时谋议略实行,谁
道君王薄贾生?爵位自高言尽废,古来何啻万公卿。"

贾谊的许多治国主张,在他死后也陆续被汉景帝和汉武帝所采纳,如汉
景帝时,晁错就提出了"削藩"的建议,即主张削弱诸侯王的封地,就是继承
了贾谊的思想主张的一种表现,在汉景帝三年(前154),爆发了吴楚七国之
乱,吴王刘濞打着"诛晁错,清君侧"的旗号起兵反叛,这应验了贾谊之前的
预测。平定七国之乱后,汉王朝就开始着手削弱诸侯王的封地和实力,到了
汉武帝时期,颁布了由主父偃提出的"推恩令",允许诸侯王将其封地再分成
若干小块,分给自己的子弟,建立侯国,从而从根本上分散和削弱了诸侯王
的实力,使他们无力再对抗中央,最终巩固和加强了中央集权。这可以说是
对贾谊提出的"众建诸侯而少其力"的策略的全面施行。另外,关于贾谊向
汉文帝提出的禁止私人铸钱等主张,在汉武帝时期也得到了实行,当时规定
统一使用"五铢钱",从而稳定了货币制度。

贾谊的一生命运多难,仕途坎坷。然而他并没有因此显得悲情和消沉,而是怀有一种强烈的社会责任感和忧患意识,对社会政治中存在的隐患和潜在的危机有敏锐的洞察力,并总是能经过理性的反思而找到解决这些问题的良方,是汉初不可多得的优秀思想家。

# 3 贾谊政治哲学思想的内容

哲学是关乎智慧的学问,政治哲学是关乎人类社会这个大环境下与生存智慧相关的学问,是关乎社会生活的价值观和方法论的学问,其中心关切是政治应当如何的问题。而以大道的实现作为最高理想的政治哲学,其所要回答的问题实际上是一个"良好的社会如何可能"的问题,即运用思想家的智慧,如何让社会生活更完美,如何让社会中的个体在可能的情况下生活得更幸福。这是一个既古老又常新的话题。它需要运用思想家的智慧,做出恰当的制度安排构想,从而使现有的政治和社会生活质量得到最大限度的优化。同时,政治哲学也是带有批判性反思的学问,它通过批判现实世界发展过程中暴露出的种种社会问题来进一步寻找救弊的良方,以挽救危局。贾谊的政治哲学思想很好地回答了在当时的社会背景下"良好的社会如何可能"的问题,他针对西汉初期的社会现状,运用自己的哲学智慧,提出了一系列拯救时弊的良方以及美好的制度构建设想,充分展现了其高超的哲学智慧。本章将从贾谊政治哲学思想产生的历史背景以及贾谊政治哲学思想的主要内容这两方面全面展开论述贾谊的政治哲学思想。

## 3.1 贾谊政治哲学思想产生的历史背景

贾谊政治哲学思想的产生有其深刻的历史和社会原因以及深厚的思想基础,他生活在西汉初期,秦朝二世而亡的历史让人们记忆犹新,如何避免重蹈亡秦的覆辙是一个必须面对的重大问题,再加上当时的汉初社会确实面临一系列内外矛盾,深受儒家文化熏陶的贾谊,在强烈的社会责任感和历史使命感的驱使下,形成了其独特而充满智慧的政治哲学思想。

### 3.1.1 秦朝速亡的历史教训

秦朝建立于公元前 221 年,然而在公元前 209 年由于秦的暴政以及统治阶级的奢侈腐化,爆发了由陈胜、吴广领导的大规模农民起义,虽然最终被镇压,但已使统治阶级元气大伤。之后,各地的反秦斗争仍在继续,力量最强的是由刘邦和项羽分别领导的两支起义部队,在斗争中,项羽通过巨鹿之战消灭了秦军的主力,终于在公元前 206 年,秦朝统治者向刘邦投降,存在仅 15 年的秦王朝被秦末农民战争推翻了。

秦朝的迅速灭亡,给后来的统治阶级留下了许多深刻的历史教训。秦朝二世而亡,最主要的原因当然是政治策略上的失误。在战国时期,秦国地处西方,本来是当时战国七雄中实力最弱的诸侯国,其之所以能脱颖而出,成为战国后期实力最强的诸侯国,并最终统一天下,主要原因除了通过商鞅变法增强了秦国的经济实力之外,就是因为采纳了法家的治国主张,用严刑峻法来统治老百姓。据史料记载,秦国当时的政治环境是"民皆畏于私斗,而勇于公战",老百姓都非常安分守己,那是因为按照国家的法律,如果触犯了秦法,不但自己要被斩首,更会牵连九族,譬如,偷盗就会有如此的下场。但秦在统一了六国之后,仍然沿用原来那一套方法来统治老百姓,这一定是不合时宜的,从而为自己的速亡埋下了种子。其次,统治阶级的奢侈腐化也是一个重要原因,秦灭六国后,不但将六国的财富全都运到了咸阳,而且大兴土木,修建阿房宫和骊山墓,不断扩充后宫。由于耗资巨大,于是就对老百姓横征暴敛,从而引起民怨沸腾,并最终引发秦末农民大起义。再次,用人不当也是秦朝速亡的原因之一。由此可见,统治阶级如果不顾及老百姓的利益,公然与人民为敌,那么,人民的起义反抗是迟早的事。所以后世的统治者一定要牢记这个历史的教训,也正是基于这样的考虑,贾谊力劝统治者一定要对老百姓施以仁政,让他们能安居乐业,从而确保汉王朝的长治久安。在他因廷尉吴公推荐,被文帝召为博士不久,就写下了千古奇文《过秦论》,其洋洋洒洒,气势恢宏,引无数后人交口称赞,尤其是文中提到的"然秦以区区之地,致万乘之势,序八州而朝同列,百有余年矣。然后以六合为家,崤函为宫,一夫作难而七庙堕,身死人手,为天下笑者,何也?仁心不施,而攻守之势异也"(《过秦论》)这个观点,明确地将秦朝速亡的教训归咎于"仁心不施",而贾谊的政治哲学思想恰恰高度褒扬了"仁"的重要性。

### 3.1.2　汉初黄老之学面临的困境

黄老之学产生于中国战国时期的哲学、政治思想流派。这个流派尊传说中的黄帝和老子为创始人,故得名。黄老之学作为一种广为流传的社会思潮,则是在西汉初期,这一派的代表们假托黄帝和老子的思想,实际上是将道家和法家思想互相结合,并且采纳了阴阳家、儒家、墨家等学派的观点。从内容上看,黄老之学继承并改造了老子关于"道"的思想,他们认为"道"是作为客观必然性而存在的,提出"虚同为一,恒一而止""人皆用之,莫见其形"(帛书《道原》)等观点。而在社会政治领域,黄老之学强调"道生法",主张"是非有,以法断之,虚静谨听,以法为符"。认为,作为统治者应该"无为而治","省苛事,薄赋敛,毋夺民时","公正无私","恭俭朴素","贵柔守雌",通过"无为"而达到"有为",即"无不为"(《老子》)。因此,黄老道家所认为的"无为"就是要求统治者尽量不要太多干涉老百姓的生活,让他们有一个清净的环境来安居乐业,同时也要求统治者不要太过看重自己的政绩和虚名。这些主张能在汉初得到很好的推行,是有深刻的历史原因的。

西汉王朝是在秦末农民大起义的浪潮中建立起来的,而农民起义的主要原因又是因为秦朝的暴政,所以,西汉建立之初,社会经济遭到了严重的破坏,百废待兴,汉初的统治阶级对秦朝亡于暴政的史实记忆犹新,在这样的背景下,黄老道家无为而治的思想,迎合了汉初推行休养生息政策的需要。推行一段时间后,使汉初社会迅速恢复了元气,社会经济明显好转,老百姓的基本生活有了一定的保障。到景帝后期时,国家粮仓丰满,府库里的大量铜钱多年不用,以至于穿铜钱的绳子都烂了,散钱多得无法计算。据《汉书·食货志》记载:

> 至武帝之初七十年间,国家亡事,非遇水旱,则民人给家足,都鄙廪庾尽满,而府库余财。京师之钱累百钜万,贯朽而不可校。太仓之粟陈陈相因,充溢露积于外,腐败不可食。众庶街巷有马,仟伯之间成群,乘牸牝者摈而不得会聚。[1]

正因为如此,所以,黄老之学在汉初成了统治阶级主要的治国思想,汉文帝时期"皇后窦氏就极好黄老之言,叫她的儿子景帝和自己母家的人都须读《老子》。那时有一个《诗经》博士齐人辕固生瞧不起这书,批评了一句,她听了大怒,逼他到兽圈里去打野猪"[2]。然而,即便如此,一味推行黄老之学的弊端也是显而易见的,因为过分强调"无为",以至于有些大臣真的什么都不做了,这种放任自流的现象如果长期不加以制止,一定会出现许多社会问题,对此,著名历史学家顾颉刚先生有过一段比较形象的描述:

> 《老子》这书中,主张君主应当清净无为,对于人民要使他们吃得饱饱的,不存什么野心,这和汉初承大乱之后与民休息的条件极相合,而

① 班固:《汉书·食货志》卷24,中华书局1962年版,第1135页。
② 顾颉刚:《汉代学术史略》,人民出版社2008年版,第30页。

且这书的文字简短有韵,容易记忆,所以就风行于世。曹参为齐王的丞相,那时天下初定,百姓流亡,听得胶西有一位盖公,善治黄、老之言,就用厚币请了他来,把自己住的正房让给他,常去请教。一连做了九年,果然齐国安集,大称贤相。后来汉相萧何死了,惠帝命他继任。他一切遵照萧何的原样;把好出风头的属员都免了职,换用了朴讷的人。他自己天天饮醇酒,不管事。……惠帝看他不办什么,觉得可怪,问他:"是不是为了我年轻,瞧不起呢?"他道:"请您想想,您比高帝怎样? 我比萧何怎样? 我们既都不及他们,只该遵守他们的规模。请您垂了裳,拱了手坐着罢!"①

只因袭前人,无所作为,短期内也许不会出现什么大的问题,但时间一久,就会问题多多,而假如将这种思想溶入人们的骨子里,那问题就更大了,对此,我觉得顾颉刚先生的分析还是有一定的道理的。

道家的兴起,《老子》的盛行,固有许多原因,而汉初的时势实为其重要条件。自从春秋末年以后,为了推翻贵族阶级,人民捱受了二百五十年的刺戟和痛苦,到这时天下初平,着实应该休息了。以黄老之言作为休息的原理,本不算错。所不幸的,这种柔弱和退让的思想竟透进了我们的民族的骨子,使得我们没有热心,只会随顺,没有竞争,只有停顿,逢到了大事要把它化为小事无事,逢到了难事要以没办法为办法,听它自然的变化,一直传到现在。②

正是因为贾谊能从长计议,预见到了长期用黄老之学作为治国的理念有可能给汉王朝带来严重的不良后果,所以积极向汉文帝建言献策,因为在他看来,黄老之学不是真正的仁政,而只是一种权宜之计,绝非长远之策。

### 3.1.3 汉初面临的诸多社会问题

关于汉初所面临的社会问题,前面已经有所提及,主要包括三对社会矛盾,即统治阶级面临诸侯王反叛而造成的内部稳定问题;汉与北方少数民族匈奴的矛盾而导致的外部稳定问题;天下初定,财用不足,百姓生活困苦,从而有可能导致阶级矛盾激化的问题。

---

① 顾颉刚:《汉代学术史略》,人民出版社 2008 年版,第 29 页。
② 顾颉刚:《汉代学术史略》,人民出版社 2008 年版,第 30 页。

首先,汉初诸侯王的势力十分强大,其中尤以吴、楚、齐为最强,其所拥有的封地几乎达到"天下之半"。据史料记载,汉初全国人口大约有一千三百万,而属于诸侯王国内的人口就有八百五十多万。这种局面直接造成了国家财政被严重侵蚀,与此同时也就意味着诸侯王反叛的威胁在进一步增强。然而,汉初的统治者却并没有采取相应的对策来设法削弱诸侯王的实力,而是对他们采取了长期的优容政策,如吴王刘濞失藩臣之礼,称病不朝,文帝竟然反赐其几杖,允许其不预朝会。这些做法为日后诸侯叛乱埋下了隐患。

其次,是关于匈奴问题,匈奴这个少数民族是生活在我国北方的一个古老的游牧民族,他们逐水草而居,早在战国时期,就经常南下骚扰北方地区的秦、赵燕等诸侯国,为此,这些诸侯国还不得不修筑长城来防御匈奴的侵扰,到了秦末天下大乱之际,匈奴迅速发展壮大了自己的势力,征服了东胡、娄烦,驱走了大月氏,势力大增,重新占领河套一带,成为拥有 30 万带甲之士的奴隶制国家。在汉初的时候,多次侵扰中原地区,给汉王朝带来了巨大的损失。汉高祖刘邦曾以为自己有能力解决匈奴问题,故亲自率领大军征讨匈奴,结果很狼狈地被匈奴军队围困在平城白登山长达七天七夜,终于领略到了当时匈奴的实力的确不可小视,解围后便对匈奴采取了守势,采取了和亲政策,有史料为证:

> 高帝先至平城,步兵未尽到,冒顿纵精兵四十万骑围高帝于白登,七日,汉兵中外不得相救饷。匈奴骑,其西方尽白马,东方尽青龙马,北方尽乌骊马,南方尽骍马,高帝乃使使间厚遗阏氏,阏氏乃谓冒顿曰:"两主不相困。今得汉地,而单于终非能居之也。且汉王亦有神,单于察之。"冒顿与韩王信(自汉室降匈奴之官)之将王黄、赵利期,而黄、利兵又不来,疑其与汉有谋,亦取阏氏之言,乃解围一角。于是高帝令士兵持满傅矢外乡,从解角直出,竟与大军合,而冒顿遂引兵而去。汉亦引兵而罢,使刘敬结和亲之约。①

从此史料来看,一方面说明了当时匈奴的实力确实非常强大,以至于汉高祖的四十万大军都根本不是匈奴的对手,且只能凭借机缘巧合才勉强突围;另一方面也说明了当时汉高祖决定对匈奴采取和亲政策是一个不得已而为之

---

① 司马迁:《史记·匈奴列传》卷 110,中华书局 2011 年版,第 2521 页。

的举措,从此,这个和亲政策一直延续到了汉文帝时期,这在贾谊看来是非常屈辱的一件事情。

### 3.1.4 贾谊的个性特点

贾谊政治哲学思想的形成与其本人的个性特点有很大的关系,他既有渊博的学识、极高的文学素养,又有极强的洞察世事的能力,并且对于"大道"有极强的领悟能力,并能身体力行之。总体而言,主要体现在以下三个方面。

第一,贾谊从小受儒家文化的影响较深,有深厚的政治文化修养,有强烈的忧国忧民意识,具有领悟大道之后的那种自然具备的美德,这些都导致了他在考虑问题的时候始终能从大善大美的前提出发,总能兼顾当事人双方的利益,而不带有明显的功利思想。这在当时封建社会的大背景下是难能可贵的。

第二,有敏锐的观察能力,其可贵之处在于在和平时期能看出正在酝酿着的许多社会矛盾,并提出相应的改革措施。如:

> 进言者皆曰:"天下已安矣。"臣独曰:"未安。"或者曰:"天下已治矣。"臣独曰:"未治。"恐逆意触死罪,虽然,诚不安,诚不治。故不敢顾身,敢不昧死以闻。夫曰天下安且治者,非至愚无知,固谀者耳,皆非事实,知治乱之体者也。夫抱火措之积薪之下,而寝其上,火未及燃,因谓之安,偷安者也。方今之势,何以异此? 夫本末舛逆,首尾横决,国制抢攘,非有纪也,胡可谓治? 陛下何不一令臣得熟数之于前,因陈治安之策,陛下试择焉。(《数宁》)

所以,贾谊"众建诸侯而少其力"这个观点的提出,就是因为预见到了数年之后,当年幼的诸侯王长大成人之后,同时伴随着他们实力的增强就会有反叛的可能;其民本思想的提出也体现了贾谊分析问题的远见卓识,"故自古至于今,与民为雠者,有迟有速,而民必胜之"(《大政上》)。这是一条颠扑不破的真理,如果不能从根本上重视老百姓,最终一定会造成社会的动荡不安,并最终影响社稷大业的安危。

第三,对于"道"的独特领悟能力,使得他在思考和行事的时候始终能做到"体道合德",注重追求一种理想完美的境界,考虑问题周全而深刻,叙事条理清晰,逻辑严密,如"长太息者六"、"三表五饵"、"三祸七福"、民本思想中的"国以为本,君以为本,吏以为本"、"民无不为本,民无不为命,民无不为力,民无不为功"、"德有六理"、"德有六美"、"六术"、"六行"、"六法"等等,逻辑性极强,又极具说服力,这绝不是故意卖弄文采,恰恰淋漓尽致地体现了其洞察世事的能力和行文能力非一般人所能及,而这些,除了他个人的才华以外,主要基于他对大道的那种独特的领悟能力。

## 3.2  贾谊政治哲学思想的主要内容

贾谊的政治哲学思想具有鲜明的特色,根据第一章对贾谊生平的描述,我们能够清楚地发现,贾谊考虑问题总能从大局出发,无论是处理君臣关系还是君民关系,无论是处理君主与各诸侯王的关系还是处理与匈奴的关系,都能从各个角度细致入微地提出一些系统的治国策略,总能兼顾当事人各方的利益,为西汉社会的长治久安出谋划策。其政治哲学思想主要体现在以下几个方面:独特的民本思想;将"大一统"和理想社会的构建作为其终极目标;极其宏阔的"礼、法、仁"相结合的礼治思想;将政治与教育紧密结合起来的富有特色的教育思想。下面将对这些内容进行详细论述。

### 3.2.1  独特的民本思想

民本思想自古有之,贾谊的民本思想是对前人民本思想的继承和发展,其可贵的地方在于:其一,详细道出了民本思想的所以然之处,有理有据,颇具说服力;其二,提出了富安民、亲民、利民的惠民思想;其三,将"民"的范围进行了最大限度的扩充,比如,在他看来,匈奴之民就是大汉之民,所以他提出要"与单于争其民"(《匈奴》)以及"民天下之兵"(《匈奴》),尽最大可能减少老百姓的伤亡,体现了一种可贵的人文关怀以及人道主义的精神(注:对"民"的范围的界定,体现了他可贵的天下大同的思想,而"民天下之兵"思想的提出,更体现了他反对战争、热爱和平的思想,因为战争总会带来人道主义的灾难);其四,提出了初步的民主思想。下面将逐一展开论述。

**一、"以民为本"的原因**

我国古代很早就出现了民本思想的萌芽。《尚书·酒诰》云:"古人有言曰:人无于水监,当于民监。"这里已经开始认识到"民"的地位的重要性;孔子认为统治者要"使民以时"(《论语·学而》),即要求统治者尽量从"民"的角度考虑问题,并认为只有百姓足,君才能足,这已经初步反映出其重民的思想;到了孟子则明确提出"民为贵,社稷次之,君为轻"(《孟子·尽心下》)的民本思想;荀子则认为:"君者,舟也;庶人者,水也。水可载舟,亦可覆舟。"(《荀子·王制》)明确论述了统治者与老百姓之间那种密不可分的关系,并强调了民的根本地位,这是对民本思想的进一步发展。贾谊在继承前人提出的这些"民本"思想的基础上,更加深刻地认识到了人民的重要性,他说:

> 闻之于政也,民无不为本也。国以为本,君以为本,吏以为本,故国以民为安危,君以民为威侮,吏以民为贵贱。(《大政上》)

贾谊认为人民是国家的根本,是君主的根本,是官员的根本,国家的安危系于人民,君主的荣辱取决于人民,官吏的好坏由人民来评判,人民是国家、君王和官吏的力量基础,人民决定着朝代的兴衰、社稷的安危以及国家的存亡。对于一个国家来说,民是如此的重要,所以贾谊总结说:"夫民者,万世之本也,不可欺。"(《大政上》)他论证了国家的安危存亡、盛衰功业都与老百姓关系非常密切,假如处理不好与老百姓的关系,就会有亡国的可能。于是他总结说:"自古至于今,与民为仇者,有迟有速,而民必胜之。"(《大政上》)从这里可以看出,贾谊更充分地认识到了人民力量的强大。而且,他认为"民"是世世代代存在的,而管理"民"的人却有可能因为管理不善得罪了民而最终失其"政"、失其"民":"王者有易政而无易国,有易吏而无易民"(《大政下》),这个说法极富见地,高度彰显了"民"的地位的根本性,这等于是在警告统治者一定要善于处理好与"民"的关系,否则就会地位不保。在此基础上,他又进一步提出把是否爱民作为衡量国家政治清明的标准。《大政下》篇云:

> 故有不能治民之吏,而无不可治之民。故君明而吏贤矣,吏贤而民治矣。故君功见于选吏,吏功见于治民。(《大政下》)

统治者如果真正爱民,就要努力使民富裕,因为,判断明君、贤吏的最终标准都是由"民"来决定的,或者说,能否治民是衡量明君、贤吏的唯一标准。于是贾谊进一步提出了使民富足从而让他们安居乐业的办法。在他写的《无蓄》《忧民》篇中,一针见血地指出:"民不足而可治者,自古及今,未之尝闻。"他高度强调了积贮的重大意义,认为只有有计划地蓄积粮食,节约有度,使天下"粟多而财有余",才能"怀敌附远"、让老百姓过上安定的日子,这样才能真正实现国家的长治久安。

**二、富安民、亲民、利民的全面的惠民思想**

汉初的经济存在诸多问题,因为经过秦朝的残暴统治和长期战乱之后,生产遭到严重破坏,所以,民众极其渴望能自由地生产和生活。从汉高祖刘邦开始,到后来的惠帝、吕后、文帝,都能顺应这一需要,实行与民休息的政策,并保持政策的连续性,使经济逐渐得以恢复。但随着社会经济形势的好转,新的社会问题又不断产生。许多从表面上看似乎是有利于农民的措施,其实在本质上却对农民极其不利,相反却使官僚地主和富商大贾获益颇多。比如,刘邦在汉初推行了重农抑商的政策,其出发点是因为认识到农业是天下的根本,这是值得肯定的。但这实际上只是政策层面上的抑商,在实际的经济生活中却处于放任自流的局面,于是富商大贾就乘机牟取暴利,尤其是那些奸商。"孝惠、高后时,天下初定,复弛商贾之律。"①也就是说考虑到天下初定,百废待兴,所以对商贾的政策有所放宽,而到了汉文帝时,"令诸侯毋入贡,弛山泽,……民得卖爵"②,对商贾的政策进一步放宽,于是很快就出现了"富商大贾周流天下,交易之物莫不通,得其所欲,而徙豪杰诸侯强族于京师"③的局面,商业一下子得到了很大的发展,但也正是因为如此,富商大贾凭借其雄厚的经济实力开始不断地兼并土地,于是,使贫富分化不断加剧,农民的生活变得更加困苦不堪,而地主商人则生活富裕,王公贵族更是过着奢靡的生活。而伴随农商之间贫富分化的加剧,社会上开始出现弃农经商的现象,从事农业的人数日渐减少,久而久之,就会严重影响到农业的发展甚至社会秩序的稳定。

针对这样的社会现实,在一般的官员大臣还没有觉察到任何危机端倪的时候,贾谊却在他的《论积贮疏》中尖锐地指出:"民不足而可治者,自古及今,未之尝闻"(《论积贮疏》),也就是说,如果不及时解决上面提到的这些问题,老百姓的生计就会遇到问题,这是造成社会动荡的信号,更甚之,社稷大业都有可能不保。而现在轻农重商甚或弃农经商就是一种背本趋末的行为,必将对社会的发展带来严重的不良后果,危及国家的安定。因此,贾谊不断地提醒汉文帝,一定要尽快调整经济政策,以防患于未然。并且针对当时社会经济上出现的两个严重问题,即一方面不重视农业,另一方面又允许

① 司马迁:《史记·平准书》卷30,中华书局2011年版,第1312页。
② 司马迁:《史记·孝文本纪》卷10,中华书局2011年版,第365页。
③ 司马迁:《史记·货殖列传》卷129,中华书局2011年版,第2826页。

私人铸钱并因此出现钱币混乱的局面,贾谊向汉文帝提出了许多合理化的建议,而从这些建议中我们可以清楚地看到,贾谊能够巧妙地兼顾统治阶级和一般老百姓的利益,我认为这与他对"道"本体论思想的准确把握和追求理想的社会治理模式以及对至德至善的道德境界的追求是密不可分的,下一章中将详细论述这方面的内容。

贾谊提出的在经济上保护老百姓利益的建议主要体现在他的惠民主张上,这些惠民的建议主要涉及富安民、亲民、利民等方面,总之,在贾谊的思想世界里,对民的爱护,不仅仅是出于稳固西汉统治的需要,更是因为他从根本上认识到老百姓的重要以及发自内心地尊重老百姓,并非有些学者认为的带有鲜明的功利色彩。

（一）贾谊的富安民思想

针对当时轻农重商、背本趋末的情况,贾谊曾经向汉文帝建言要重视农耕,"今殴民而归之农,皆著于本,使天下各食其力,末技游食之民转而缘南亩,则蓄积足而人乐其所矣"[1],贾谊认为只有让老百姓归本农业,才是真正有利于老百姓的,也只有这样才能真正富安天下。另外,贾谊在许多文章中都曾提出治国务在"安民"的观点。在他的《过秦论》中这样写道:"牧民之道,务在安之而已矣。"（《过秦论》）若不注重安民,必将自食其果。

> 天有常福,必与有德;天有常菑,必与夺民时。故夫民者,至贱而不可简也,至愚而不可欺也。故自古至于今,与民为雠者,有迟有速,而民必胜之。知善而弗行谓之狂,知恶而不改谓之惑,故夫狂与惑者,圣王之戒也,而君子之愧也。（《大政上》）

统治者的政策如果与"安民"政策背道而驰,结果必定会危及自身的统治。治国务在"安民",此乃天地之常经也。而坚持以民为本和安民的原则,又应当具体落实到使民众能获得看得见的物质利益的有效政策上,也就是说要使民众得到实惠,当然这首先是经济上的实惠,毕竟,民以食为天,所以,贾谊说:"夫为人臣者,以富乐民为功,以贫苦民为罪。"（《大政上》）也就是说,执政者一定要努力使民众"富乐",这样才能真正安民。其实,"富安"这一思想主张在中国古代早已有之。在先秦时期,统治阶级在实行对人民统治的同时就已意识到民生问题的重要性,认为欲求国家统治之长治久安,就必须

---

[1] 班固:《汉书·食货志》卷24,中华书局1962年版,第1130页。

保障人民的基本生活来源,必须使人民富裕起来。《尚书》曰:"德惟善政,政在养民"(《尚书·大禹漠》),意思是说,只有把老百姓安顿好,才是理想的政治模式,把能否养好民与政绩的好坏直接相联系;《周礼》多处提及关于安富、恤贫、救荒等的一些比较具体的相关规定,譬如提倡以赈穷、恤贫、养老、安富等六政来"养万民",主张在灾荒之年统治者应当施行散利、薄征等荒政十二条来拯救老百姓于水火之中,使人民安居乐业;而春秋时期齐国的政治家管仲则更加清醒地意识到使百姓富且安在政治上的重要性:"凡治国之要,必先富民,民富则易治也,民贫则难治也"(《管子·治国》);孔子提出"政之急者,莫大于使民富且寿也"(《说苑》)的道理;到了战国时期的孟子则提出了"若民,则无恒产因无恒心。苟无恒心,放辟邪侈,无不为己"(《孟子·梁惠王章句上》)的观点,要求统治者一定要保障老百姓拥有必要的田宅,从而使他们能安居乐业;战国时期儒家思想的集大成者荀子则提出"不富无以养民情"《荀子·大略》的观点,认为只有让老百姓富起来,才能有良好的心态和素质,并最终确保国家的长治久安;而到了秦汉时期,贾谊继承和发展了前人"富安民"的思想,一针见血地提出"民非足也,而可治之者。自古及今,未之尝闻"(《无蓄》)的观点,也就是说,只有让老百姓富足了,人民才会拥护国家的政策,统治者的地位才能得到稳固,国家才能长治久安。在继承前人这些思想的基础上,贾谊进一步提出了通过富安民从而"富安天下"的思想主张,这再次强调了"民"是天下的根本的观点,他向汉文帝提出了许多与百姓利益息息相关的经济政策和经济措施,以确保老百姓过上富足的生活,从而有效地避免内乱的发生。贾谊"富安天下"的某些主张被文帝采纳后,也确实促进了汉初经济的恢复和发展,据《汉书·食货志(上)》记载:"文帝即位,躬修俭节,思安百姓"[1],可见确实收到了一定的实效。

(二)贾谊的亲民思想

贾谊在《春秋》一文中曾经提到邹国国君邹穆公的亲民事例:

> 王舆不衣皮帛,御马不食禾菽,无隐僻之事,无骄熙之行,食不众味,衣不杂采,自刻以广民,亲贤以定国,亲民如子。邹国之治,路不拾遗,臣下顺从。是故以邹之细,鲁、魏不敢轻,齐楚不能协。(《春秋》)

主要意思是说,邹穆公是个崇尚节俭的人,亲贤爱民,他驾的车不用皮子等

---

① 班固:《汉书·食货志》卷 24,中华书局 1962 年版,第 1127 页。

物品来装饰,也不用豆子和谷子来喂养自己的马,不骄奢侈靡,饮食简单、穿着普通等等,通过远离奸佞、亲近贤人来治国安邦,亲民如子。正因为如此,邹穆公把邹国治理得井然有序,达到路不拾遗的程度,因此,他的臣民都心甘情愿地服从他的统治。邹国虽然是一个弱小的国家,但其邻国如鲁国、卫国根本不敢轻视他,即便是强大的楚国、齐国等诸侯国也不能胁迫他。这足以证明若君爱民则国必强的道理,而国家强盛了,与邻国关系就能搞好,邻里关系搞好了,强国就不敢去欺侮它。"爱出者爱反,福往者福来"(《春秋》),君亲民与民爱君是相互的,而且首先必须是君亲民,只有君视民如己子,然后民才能视君若慈父:

> 夫忧民之忧者,民必忧其忧;乐民之乐者,民亦乐其乐。与士民若此者,受天之福矣。(《礼》)

统治者只有亲民如子,百姓才会爱戴他们,这样,生产才能发展,经济才能繁荣,政治才能清明,社会才能稳定,才能真正实现国家的长治久安。

(三)贾谊的利民思想

贾谊《修政语(上)》云:"德莫高于博爱人,而政莫高于博利人",即"博爱人"是最高尚的德行,"博利民"是为政的最高境界,在贾谊的许多文章中,经常提到利民的思想,这不仅仅包括使老百姓获得物质生活上的富足,也包括对老百姓实施比较宽松的政策措施。

为了实现利民的目标,贾谊提出的主要经济政策和经济措施有如下几条。

1.重农抑商

农业是天下的根本,这是一个颠扑不破的真理。其实,早在先秦就有许多思想家、政治家认识到农业的重要性,并从政治角度阐述了农业生产的意义:

> 夫民之大事在农,上帝之粢盛于是乎出,民之蕃庶于是乎生,事之供给于是乎在,和协辑睦于是乎兴,财用蕃殖于是乎始,敦庞纯固于是乎成。(《国语·周语》)

这实际上就明显地道出了农业是天下的根本的道理。春秋时期齐国的宰相管仲则以"仓廪实而知礼节,衣食足而知荣辱"来进一步阐述发展农业与维持社会道德秩序的关系,即强调了农业的道德意义。贾谊在这些认识的基础上,又作了进一步的发挥,他针对当时西汉农业生产基础十分薄弱的社会现实,认为如果不重视农业,老百姓就会饥荒遍地,而一旦发生饥荒,整个封建社会的统治秩序就会遭到严重的破坏:

> 一人耕之,十人聚而食之,欲天下之无饥,胡可得也?饥寒切于民之肌肤,欲其无为奸邪盗贼,不可得也。国已素屈矣,奸邪盗贼特须时尔,岁适不为,如云而起耳。(《孽产子》)

于是就会陷入一种接二连三的恶性循环之中,使国无宁日。因此,必须重视农业生产,使民"皆著于本",才能使老百姓不为"奸邪盗贼"。所以,针对当时背本趋末的社会现实,贾谊尖锐地指出:

> 今背本而趋末,食者甚众,是天下之大残也;淫侈之俗,日日以长,是天下之大贼也;残贼公行,莫之或止;大命将泛,莫之振救。生之者甚少而靡之者甚多,天下之财产何得不蹶!汉之为汉几四十年矣,公私之积犹可哀痛。失时不雨,民且狼顾;岁恶不入,请卖爵鬻子,既闻耳矣,安有为天下阽危者若是而上不惊者!(《论积贮疏》)

背本趋末,将会造成天下大乱,而最终的受害者是广大的老百姓。对此,贾谊作了非常详细的分析:

> 夫雕文刻镂,周用之物繁多,纤微苦窳之器,日变而起,民弃完坚,而务雕镂纤巧,以相竞高。作之宜一日,今十日不轻能成;用一岁,今半岁而弊。作之费日挟巧,用之易弊。不耕而多食农人之食,是天下之所以困贫而不足也。故以末予民,民大贫;以本予民,民大富。(《瑰玮》)

为此,贾谊向汉文帝提出了如下建议:

> 今驱民而归之农,皆着于本,则天下各食于力。末技、游食之民转而缘南亩,则民安性劝业而无县愬之心,无苟得之志,行恭俭蓄积而人乐其所矣。(《瑰玮》)

通过动用政治的力量,驱民归农,从表面上看好像是在强制农民固着于土地上去从事农业生产,通过政府的强制行为来改变当时社会背本趋末局面,但事实上,这恰恰是考虑到了老百姓的最终利益,只有这样才能使得老百姓的基本生活得到保障,这样的说理入木三分,这才是真正考虑老百姓利益的表现。贾谊的利民思想还体现在对待下面这件事情的态度上,当时,因为政府允许私人铸钱,所以许多老百姓被表面利益所驱使,纷纷放弃农业而去采矿铸钱,于是出现了诸多的社会问题:

> 铜布于下,则民铸钱者,大抵必杂石铅铁焉,黥罪日繁,此一祸也。铜布于下,伪钱无止,钱用不信,民愈相疑,此二祸也。铜布于下,采铜者弃其田畴,家铸者损其农事,谷不为则邻于饥,此三祸也。故不铸钱,则钱常乱,黥罪日积,是陷阱也。且农事不为,有疑为菑,故民铸钱,不可不禁。上禁铸钱,必以死罪。铸钱者禁则钱必还重,钱重则盗铸钱者起,则死罪又复积矣,铜使之然也。故铜布于下,其祸博矣。(《铜布》)

在贾谊看来,铜布于下,其祸博矣,这实际上是引诱老百姓去违法犯罪,不安心农业,从而因粮食生产得不到保障而忍饥挨饿。为此,贾谊极力主张禁止汉初以来允许民间私人铸钱之政策,实行“铜毕归于上”的由国家垄断钱币铸造的政策,以此来解决他所提到的博祸问题:

> 今博祸可除,七福可致。何谓七福?上收铜,勿令布下,则民不铸钱,黥罪不积,一。铜不布下,则伪钱不繁,民不相疑,二。铜不布下,不得采铜,不得铸钱,则民反耕田矣,三。铜不布下,毕归于上,上挟铜积以御轻重,钱轻则以术敛之,钱重则以术散之,则钱必治,货物必平矣,四。挟铜之积,以铸兵器,以假贵臣,小大多少,各有制度,以别贵贱,以差上下,则等级明矣,五。挟铜之积,以临万货,以调盈虚,以收倍羡,则官必富,而末民困矣,六。挟铜之积,制吾弃财,以与匈奴逐争其民,则敌必坏矣。此谓之七福。(《铜布》)

这七福中,有四福是直接有利于老百姓安居乐业的,而其他三福则是间接有利于老百姓的,总而言之,铜不布下,才能博利民。贾谊的这段论述鞭辟入理,既体现了他良好的文学素养,又体现了他对国家社稷大业的忠心耿耿以及他本人良好的道德素养和仁爱之心。假如汉文帝能够切实采纳贾谊的这些合理化建议,则既可以使农业生产得到保障,又可以真正富民利民,并最终稳定国家的经济和社会秩序。

2. 轻徭薄赋

在贾谊看来,若真正爱护老百姓,就应该实施轻徭薄赋的政策,这是关系到人民能否安居乐业、国家能否长治久安的一件大事。所以,作为统治者,一定要设法减轻老百姓的赋税徭役负担,保证农民有足够的从事农耕生产的时间。贾谊多次要求汉文帝以史为鉴,明白前人"薄于身而厚于民,约于身而广于世"(《晏子春秋·内篇问上》)这一朴素道理,他列举了一个历史人物卫懿公的例子来从反面说明统治者对老百姓轻徭薄赋的重要性:

> 卫懿公喜鹤,鹤有饰以文绣而乘轩者。赋敛繁多,而不顾其民,贵优而轻大臣。群臣或谏,则面叱之。及翟伐卫,寇挟城堞矣,卫君垂泣而拜其臣民曰:"寇迫矣,士民其勉之!"士民曰:"君亦使君之贵优,将君之爱鹤,以为君战矣。我侪弃人也,安能守战?"乃溃门而出走,翟寇遂入,卫君奔死,遂丧其国。(《春秋》)

为政者平时不善待老百姓,赋役繁多,到了关键时刻,老百姓怎么可能为他们卖命呢?所以,赋敛无度而不顾其民则终将身死国葬。而面对秦朝的二世而亡,贾谊同样认为是秦二世赋敛无度造成的,他认为作为一个合格的统治者应该设法减轻老百姓的负担,让他们安居乐业:

> 发仓廪,散财币,以振孤独穷困之士。轻赋少事,以佐百姓之急,约法省刑,以持其后。使天下之人,皆得自新,更节循行,各慎其身。塞万民之望,而以盛德与天下息矣。即四海之内,皆欢然各自安乐其处,惟恐有变。虽有狡害之民,无离上之心,则不轨之臣,无以饰其智,而暴乱之奸弭矣。(《过秦中》)

使"四海之内,皆欢然各自安乐其处",这是一种非常理想的社会局面,为政者善待百姓,百姓就能安居乐业,同时也能稳定政局,这反映了一种相辅相成的关系,然而:

> 二世不行此术,而重以无道,坏宗庙,与民更始作阿房之宫,繁刑严诛,吏治刻深,赏罚不当,赋敛无度。天下多事,吏不能纪,百姓困穷,而

主不收恤。然后奸伪并起,而上下相遁,蒙罪者众,刑僇相望于道,而天下苦之。(《过秦中》)

秦二世背道而驰,结果既苦了百姓,又失去了江山社稷,一举两失,实为下策,这从反面证明了善待百姓、轻徭薄赋的重要性。所以贾谊建议汉文帝,取民有制,使民有时,轻赋少事,为老百姓创造一个相对宽松的社会环境。

3. 积贮粮食

贾谊非常重视积贮粮食的重要性,他写的《无蓄》一文被《汉书》专门收录,名之曰《论积贮疏》,《无蓄》开篇就说:

> 禹有十年之蓄,故免九年之水;汤有十年之积,故胜七岁之旱。夫蓄积者,天下之大命也。苟粟多而财有余,何向而不济? 以攻则取,以守则固,以战则胜,怀柔附远,何招而不至?(《无蓄》)

这开宗明义地强调了粮食积贮的重要性,认为这是关系国计民生的大事,能为"富安天下"提供物质保障。那么,如何有效地积贮粮食呢? 贾谊主张为政者应该效法禹汤,在丰年进行粮食积贮,在灾年进行救济,这样,即便遇到灾年也可以衣食无忧了:"禹有十年之蓄,故免九年之水;汤有十年之积,故胜七岁之旱。"他同时还提供了详细的积贮方法:

> 王者之法,民三年耕而余一年之食,九年而余三年之食,三十岁而民有十年之蓄。故禹水九年,汤旱七年,甚也,野无青草,而民无饥色,道无乞人,岁复之后,犹禁陈耕。古之为天下,诚有具也。王者之法,国无九年之蓄,谓之不足;无六年之蓄,谓之急;无三年之蓄,曰国非其国也。(《无蓄》)

凡事做到未雨绸缪,就可以临危不惧,处变不惊,这是一种极高的生存智慧。

4. 崇尚节俭

节俭,是我们中华民族的传统美德,关于节俭的重要性,自古多有论述,贾谊主要是继承了墨家的"节用"思想,"节俭则昌,淫佚则亡"(《墨子·节用》),"固本而用财,则财足"(《墨子·七患》)。贾谊从西汉初期的社会现实出发,认为"汉之为汉几四十岁矣,公私之积,犹可哀痛也。故失时不雨,民且狼顾矣。岁恶不入,请卖爵鬻子"(《无蓄》),在这样的社会现实下,提倡节

俭就显得尤为重要,然而当时的许多大臣却没有意识到这个问题的严重性,出现了如下景象:

> 今俗侈靡,以出相骄,出伦逾等,以富过其事相竞。今世贵空爵而贱良,俗靡而尊奸,富民不为奸而贫,为里骂;廉吏释官而归,为邑笑;居官敢行奸而富,为贤吏;家处者犯法为利,为材士。故兄劝其弟,父劝其子,则俗之邪至于此矣。(《时变》)

针对当时侈靡无度的局面,世俗的眼光不以为耻,反以为荣,这是一种极不正常的社会现象,为此,贾谊明确指出,如此过度的侈靡淫逸之俗,如果不加以及时的制止,就必然会导致不堪设想的可怕局面。他要求当政者要以节约为荣,以侈靡为耻,多从百姓的利益着想。在他的《春秋》篇中举了一个极富教育意义的事例:

> 邹穆公有令,食凫雁者必以秕,毋敢以粟。于是仓无秕而求易于民,二石粟而易一石秕。吏请曰:"以秕食雁,为无费也。今求秕于民,二石粟而易一石秕,以秕食雁,则费甚矣,请以粟食之。"公曰:"去!非而所知也。夫百姓煦牛而耕,曝背而耘,苦勤而不敢惰者,岂为鸟兽也哉?粟米,人之上食也,奈何其以养鸟也?且汝知小计而不知大计。周谚曰:'囊漏贮中',而独弗闻欤?夫君者,民之父母也,取仓之粟移之与民,此非吾粟乎?鸟兽食邹之秕,不害邹之粟而已。粟之在仓与其在民,于吾何择?"邹民闻之,皆知其私积之与公家为一体也。(《春秋》)

这个事例一方面体现了君王对百姓的极度体恤之情,"夫君者,民之父母也",读来让人非常感动,另一方面则可以清楚地看到君王的节俭之风。在邹穆公看来,粟是人之上食,用它来喂鸟兽就太浪费了,何况,老百姓生产粮食何其辛苦,煦牛而耕,曝背而耘,苦勤而不敢惰,为什么不拿粟去交换百姓的秕呢?这其实是实现了粮食价值最大化的一种思路,当然,这有一个理论前提,那就是对于利益圈范围的界定,正是因为邹穆公把利益圈的范围扩大到了全体臣民,所以才会做出如上的举动,作为一个君王,能够如此细致入微地去对待粮食的功用,如此体恤百姓,极其难能可贵,后世的君王若能如法效仿,老百姓的生活怎么可能得不到保障呢?

在贾谊的《春秋》篇中还举了别的诸侯王崇尚节俭的例子,在此不一一列举,贾谊选取这些材料的用意已经不言自明了,作为统治者就应该带头提倡节俭,使财用有余,这样就能长久维护稳定的社会秩序,才能真正把国家治理好。

综上所述,贾谊围绕如何惠民而提出的这些实质性建议对维护和实现西汉王朝的长治久安,起到了积极的推动作用,为西汉王朝的兴盛、人民的安居乐业做出了很大的贡献。

贾谊向汉文帝提出的经济政策中,能兼顾统治者和被统治者双方的利益,这无疑是他以"道"为本的政治哲学思想的体现。

**三、"与单于争其民"及"民天下之兵"的思想**

"民本"思想的最初提出,虽然没有哪个思想家对"民"的范围进行过确切的定义,但似乎有一个约定俗成的界定范围,即当时社会的被统治阶级。一般不会把尚不处在统治阶级管辖范围内的少数民族政权统治下的老百姓界定在"民"的范围之内,而贾谊则几乎可以说是将此界定在"民"的范围之内的第一人。所以,在提出解决匈奴问题的对策的时候,他想到要用"帝者战德"和"建三表、设五饵"之策以"与单于争其民"(《匈奴》),并提出了妥善解决匈奴问题之后的"民天下之兵"(《匈奴》)的可贵思想,这些思想在当时是有开创性的。

**四、提出了初步的"民主"思想**

贾谊"民本"思想中更为难能可贵的地方是,他还主张人民直接参与对官吏的选举,以百姓的好恶标准作为选吏的标准:

> 明上选吏焉,必使民与焉。故士民誉之,则明上察之,见归而举之;故士民苦之,则明上察之,见非而去之。故王者取吏不妄,必使民唱,然后和之。故夫民者,吏之程也,察吏于民,然后随之。(《大政下》)

这其实已经反映了贾谊具有初步的民主思想,这个思想的提出可以说是前无古人的,是贾谊民本思想的一大进步。

### 3.2.2 将"大一统"和理想社会的构建作为其终极目标

贾谊的"大一统"思想,明显地体现了对已有的"大一统"思想的超越和创新,其鲜明的特色是能最大限度地做到利益兼顾,颇具远见卓识,极典型地反映了贾谊对儒家思想的继承和发展以及富有洞察力的政治智慧,其"大一统"思想主要从处理好下列几对关系的策略中体现出来,这些关系主要包括君主与诸侯王之间的关系、君民关系、汉王朝与匈奴政权之间的关系等，这些策略都较好地体现了贾谊思想世界中努力构建和谐的"大一统"的理想社会面貌的美好愿望，这对当今中国建设和谐社会乃至世界各国共同努力建设和谐世界都有重要的理论借鉴意义。下面将具体论述之。

**一、"大一统"思想的理论变迁**

"大一统"的观念自古有之，可谓源远流长。"大一统"一词被正式提出，始见于《春秋公羊传》的开篇句，即隐公元年："何言乎'王正月'？大一统也。"（《春秋公羊传》）这里的"大"是"尊大"的意思，东汉经学家何休在注解《公羊传》时，将其解释为："大"乃为"推崇、重视"之义，"一统"乃"元始"之义，是根基、基础的意思。而元始也可理解为万物的本体，因此，"一统"的本来意义是指政治社会自下而上地被一个形而上的本体所统摄，从而使这个政治社会获得一种超越一切之上的存在价值，即一种带有终极意义的存在，而不是自上而下地以一个最高权力作为中心来统治整个社会。因此，"大一统"的本意与现代人所认为的自上而下地建立一个地域宽广、民族众多、高度集权的庞大帝国是有明显区别的。也就是说，"大一统"一词的出现，最早主要是用来为王朝更替提供合法的理论依据的，即是为新的王朝能够建立并永远存在下去寻找合法性依据。

我们知道，中国早在夏、商、周时期，就形成了王者一统天下的文化传统。《诗经·小雅·北山》有"溥天之下，莫非王土；率土之滨，莫非王臣"①之说，把整个世界看成是王的天下。虽然，在那个时候，统治者对整个世界的版图缺乏足够的了解，也不知道世界到底有多大，但天下一统的理念却在他们的头脑里根深蒂固。到了春秋战国时期，诸子百家不仅把原有的"大一统"观念系统化、理论化，而且还赋予其新的内容，即强调国家政治秩序的统一性问题，也就是要有一个维系上下统一的规矩。而在这些思想中，儒家的"大一统"思想是明显占据主导地位的。孔子针对当时"礼乐征伐自诸侯出"的不合常道的现象，提出了"天下有道，则礼乐征伐自天子出"（《论语·季氏》）以及建立"君使臣以礼，臣事君以忠"（《论语·八佾》）这样的"君君、臣臣、父父、子子"（《论语·颜渊》）的等级秩序分明的理想社会；孟子则更进一步主张营造"君仁臣义，与民同乐"②的和谐局面；儒家思想的集大成者荀子认为："故天地生君子，君子理天地。君子者，天地之参也，万物之摠也，民之

---

① 程俊英：《诗经译注》，上海古籍出版社 1985 年版，第 416 页。
② 注：此思想主要体现在孟子的《离娄章句上》和《梁惠王章句上》所表达的思想中。

父母也。"(《荀子·王制篇第九》)将君主作为天地之间的最高统治者,明显表达了一种天下一统的理念,于是,后来的思想家逐渐将"大一统"思想引申为"一个国家在政治和思想文化上以及地域范围上的高度统一"这样的意思。以后的思想家对"大一统"的观念更是作了理论上的深加工。

## 二、贾谊"大一统"思想产生的社会背景

在经历了战国纷争,秦末农民大起义这样的社会大动荡之后,终于迎来了统一的西汉王朝,无论是汉初的统治者还是思想家,都希望能拥有一个安定的社会局面。陆贾就是其中一位重要的思想家,主张用黄老道家的思想来稳固统治,所以,汉初统治者采取了休养生息的政策,使社会生产得到了一定的恢复和发展。然而,毕竟战乱不久,百废待兴,汉初社会还是面临着诸多社会问题,"在黄老清静无为思想支配下,统治者对一切采取放任、苟简态度,社会矛盾由此大量滋生,尖锐起来,威胁着政权和封建等级秩序的巩固"[1],这也是贾谊猛烈批判黄老"无为"思想的一个重要原因。另外,"汉初的社会矛盾是内外交错的。在和亲政策下,匈奴日益强大、猖獗,不断扰边、入侵,构成对汉政权的严重军事威胁。内部,中央政权和地方封建割据势力的矛盾不可调和,叛乱活动时有发生"[2],由此可见,汉初社会确实面临诸多的社会问题,主要包括统治阶级面临诸侯王伺机反叛而造成的内部稳定问题以及北方少数民族匈奴经常南下骚扰而导致的外部稳定问题。

正是在这样的社会背景之下,贾谊在有机会进入朝廷之后积极向汉文帝建言献策,其中就包含了他丰富的"大一统"思想。

## 三、贾谊"大一统"思想的特色

贾谊"大一统"思想的理论来源,主要来自儒家,《汉书·艺文志》中对儒家思想的特色是这样评说的:"儒家者流,盖出于司徒之官,助人君顺阴阳明教化者也。游文于六经之中,留意于仁义之际,祖述尧、舜,宪章文武,宗师仲尼,以重其言,于道最为高。"[3]这段话基本上概括了儒家思想的特色,通览贾谊的文本资料,其中的许多内容都是儒家思想的体现,贾谊针对西汉王朝存在的诸多社会问题,积极向汉文帝献计献策,对"仁"政的反复强调,对"道"的独特领悟,对"礼"的高度推崇,都充分体现了贾谊思想对先秦儒家思想的继承与发展。而当我们将这些思想综合在一起来考虑的时候,就会发

---

① 金春峰:《两汉思想史》,中国社会科学出版社 2006 年版,第 78 页。
② 金春峰:《两汉思想史》,中国社会科学出版社 2006 年版,第 79 页。
③ 班固:《汉书·艺文志》卷 30,中华书局 1962 年版,第 1728 页。

现这其实是贾谊"大一统"思想的重要组成部分,因为,作为一个和谐的、理想的"大一统"的国家,"仁政"、"礼治"、符合"大道"当是题中应有之义。其实,儒家思想的创始人孔子就是"大一统"思想的积极倡导者和实践者,当时面对少数民族不断入侵中原和诸侯纷争的社会动荡局面,孔子以明知不可为而为之的精神,周游列国,一心想把他的德政思想付诸实践。后来,董仲舒提出的"大一统"思想就是建立在孔子思想的基础之上的,"《春秋》'大一统者',天地之常经,古今之通谊也"①。"师古曰:'一统者,万物之统皆归于一也。'《春秋公羊传》:'隐公元年,春王正月。何言乎王正月? 大一统也。'此言诸侯皆系统天子,不得自专也。"②即认为贯彻"大一统"思想是天经地义的事情,自古以来都是如此。董仲舒还同时强调了"大一统"的重要意义:"今师异道,人异论,百家殊方,指意不同,是以上亡以持一统,法制数变,下不知所守。臣愚以为诸不在六艺之科,孔子之术者,皆绝其道,勿使并进,邪辟之说灭息,然后统纪可一而法度可明,民知所从矣。"③

由此可见,贾谊的"大一统"思想显然是对孔孟等提出的"大一统"思想的继承和发展,既符合当时的时代背景又能从长计议,并进一步被董仲舒所继承和发展。在贾谊的观念里,"大一统"是一种建立在"善"的基础上而设定的从上到下、从内到外的全方位的社会"大一统",这与他的"道"本体论哲学思想有直接的渊源关系,尤其是他所强调的大道的完满性,而这种以"道"为本的思想的终极归宿则是实现社会和谐、世界大同,因此,其"大一统"思想极富超越性和前瞻性。

### 四、贾谊"大一统"思想的主要内容

#### (一)"大一统"思想在政治上的体现——众建诸侯而少其力的思想

贾谊的"大一统"思想,一方面体现了一种历史上的承袭关系,另一方面则是汉初社会现实矛盾的客观反映。因为,贾谊所处的时代,刚好是继秦朝灭亡之后的汉王朝建立之初。秦灭六国,消灭了贵族的政治势力,取而代之的汉朝是中国历史上第一个由平民建立的政权。由于没有现成的经验可以借鉴,要巩固新兴的汉王朝政权,有许多社会问题亟待解决。所以贾谊的"大一统"思想集中体现在他对汉朝初期两个特别突出之矛盾的解决建议上。这两个突出的矛盾是指:中央政府与诸侯王之间的矛盾,汉王朝与匈奴

---

① 班固:《汉书·董仲舒传》卷 56,中华书局 1962 年版,第 2523 页。
② 班固:《汉书·董仲舒传》卷 56 之注释,中华书局 1962 年版,第 2523 页。
③ 班固:《汉书·董仲舒传》卷 56,中华书局 1962 年版,第 2523 页。

之间的矛盾。为了有效地解决这两个矛盾,贾谊提供了非常有效的对策,针对第一个矛盾,贾谊巧妙地提出了"众建诸侯而少其力"的主张,以有效地维护中央集权。

从当时封邦建国的政治社会的崩溃到秦朝中央集权专制政治的建立,再转向汉代专制政治下的新的封邦建国的现实情况来看,建立一个以"德政"为基础的"大一统"的政治格局显得尤为重要和必要。因为所谓专制其实就是中央集权,进而由中央集权到皇权专制,这在当时很容易引发上下之间的对抗与冲突,而且使这个唯我独尊的皇位显得更有吸引力,于是就难免会出现"亲疏危乱"的现象,"故疏者必危,亲者必乱,已然之效也"①。众所周知,周代的封建制是以亲亲尊尊为前提的,是建立在宗法制的基础之上的,故宗法中的"亲亲"即血缘关系是维系封建政治的精神纽带,但随着封建政治的崩坏,亲亲精神的崩溃势必导致尊尊变成了一具没有灵魂的躯壳,这使得之前周公所制的"礼",因为缺少亲亲的内容而只剩下名分与等级这些亲亲的外衣,这就注定了西汉封建制的命运必然会出现亲疏危乱的社会现实。在这样的现实面前,我认为贾谊思想的可贵之处就在于他巧妙地找到了解决社会动荡问题的良方:"众建诸侯而少其力。"因为在贾谊看来,封建制优越于郡县制,郡县制由于没有牢固的血缘关系为基础而缺乏凝聚力,一旦祸乱四起,势必会造成外轻内重的情况,造成一盘散沙的局面,所以秦朝二世而亡,与秦始皇推行郡县制不无关系。相比于郡县制,虽然封建制也有弊端,如会导致诸侯王权力过于强大等,但这个弊端不是不可以纠正的,用贾谊提出的"众建诸侯而少其力"的方法就可以改变诸侯王嚣张跋扈的情况,解除诸侯王对中央政权的威胁。所以,这种建立在封建制前提下的"大一统"思想在当时是符合社会发展需要的,它可以起到既促进社会发展又维护社会稳定的作用。事实上,在中国封建社会的历史上,有远见卓识的思想家、政治家,都会不约而同地把"王者一统天下"作为封建盛世的标志并致力于实现这个理想的和谐的"大一统"的目标。贾谊就是这样一位有远见卓识的思想家。在他的心目中,理想的政治形态应该是"大一统"的中央集权统治的政治形态,皇帝应该处于整个国家金字塔式的政治结构的顶尖地位,是政治的核心,这样才能维持国家长久稳固的地位。所以,在现实政治中,他极力主张维护中央政权的绝对权威性。

据《汉书》记载,汉初之所以建立郡国并行制的政治构架有其深刻的历

---

① 《贾谊集·贾太傅新书》,岳麓书社 2010 年版,第 127 页。

史原因。"汉兴之初,海内新定,同姓寡少,惩戒亡秦孤立之败,于是割裂疆土,充二等之爵。功臣诸侯百有余邑,尊王子弟,大启九国……虽然,高祖创业,日不暇给,孝惠享国又浅,高后女主摄位,而海内晏如,亡狂狡之变,卒折诸吕之难,成太宗之业者,亦赖之于诸侯也。"①也就是说,刘邦为了吸取"惩戒亡秦孤立之败"的历史教训,同时分封了异姓和同姓的诸侯王,之所以会分封异姓诸侯王,主要是出于形势的需要,如前所述,绛侯周勃、灌婴等人为刘家夺得天下立下了汗马功劳,刘邦必须要对他们表达自己的感恩之情并借助他们稳固自己的统治地位。但随着时间的推移,这些异姓诸侯王对新兴汉朝政权逐渐构成了潜在的威胁。因此,至汉高祖十一年(前196),基本上被以谋反的罪名而解除,最终只留下一个势力比较弱小的长沙王吴芮。为了巩固自己的统治地位,刘邦同时又开始分封同姓诸侯王。据《汉书》记载,高后欲立诸吕为王,问陵,陵曰:"高帝刑白马而盟曰:'非刘氏而王者,天下共击之。'今王吕氏,非约也。"②当时,由于刘邦本人的威望,同姓诸侯王大多年幼,再加上异姓诸侯王还存在等原因,中央政权与同姓诸侯王的矛盾处于隐蔽状态。然而,时隔二十多年,到文帝即位时,形势已今非昔比,有十多个诸侯王以老大或功臣自居,僭越礼制,无视朝廷,显然已经开始对中央政府构成严重威胁。就在文帝三年(前177)和六年(前174)的时候,先后发生了济北王刘兴居和淮南王刘长的叛乱。"文帝三年,刘兴居(济北王)叛乱。接着淮南王刘长北结匈奴,南联闽越,图谋起兵,吴王刘濞也蠢蠢欲动。"③平定这两次叛乱之后,除吴王刘濞外,其他诸侯王尚年幼,其势力相对弱小,尚无力与中央政府公开对抗。所以暂时保持了一段时间的相安无事局面。但贾谊早就洞察到了诸侯王与中央政府之间存在的不可调和之矛盾,所以,他大胆地向文帝进谏:

> 天下之势方病大瘇,一胫之大几如要,一指之大几如股,恶病也。平居不可屈信,一二指搐,身固无聊也。失今弗治,必为锢疾,后虽有扁鹊,弗能为已。此所以窃为陛下患也。(《大都》)

若不采取果断的措施控制诸侯王的实力,他们迟早会伺机谋反,导致后患无穷。那么如何防患于未然呢?针对诸侯王僭越礼制的行为,贾谊提出了定

①　班固:《汉书·诸侯王表》卷14,中华书局1962年版,第393页。
②　班固:《汉书·张陈王周传》卷40,中华书局1962年版,第2047页。
③　金春峰:《两汉思想史》,中国社会科学出版社2006年版,第80页。

礼制的主张;而针对诸侯王因为实力日益强大而欲谋反篡权的情况,贾谊提出了定地制的主张。

贾谊首先向汉文帝列举了当时社会上出现的许多僭越礼制的现象:

> 诸侯王所在之宫,卫织履蹲夷,以皇帝在所宫法论之。郎中谒者受谒取告,以官皇帝之法予之。事诸侯王或不廉洁平端,以事皇帝之法罪之。曰一用汉法事诸侯王,乃事皇帝也。是则诸侯王乃埒至尊也。然则天子之与诸侯,臣之与下,宜撰然齐等若是乎?(《等齐》)

若把诸侯王等同于皇帝,这不是乱了君臣之礼吗? 更有甚者:

> 天子之相,号为丞相,黄金之印;诸侯之相,号为丞相,黄金之印,而尊无异等,秩加二千石之上。天子列卿秩二千石,诸侯列卿秩二千石,则臣已同矣。人主登臣而尊,今臣既同,则法恶得不齐? ……御既已齐,则车饰具恶得不齐? ……天子卑号皆称陛下,诸侯卑号皆称陛下。天子车曰乘舆,诸侯车曰乘舆,乘舆等也。然则所谓主者安居,臣者安在?(《等齐》)

如此仿照下去,到最后天子与臣下所能享受到的待遇已经没有任何差别了,那么我们怎么来区分谁是君谁是臣呢? 这是一种完全无视礼制的行为,是非常危险的,这无疑会扰乱社会秩序,最终危及西汉王朝的安全。贾谊非常详细地说明了等级、势力、衣服、号令是区分君臣贵贱之别的重要依据:

> 人之情不异,面目状貌同类,贵贱之别,非天根着于形容也。所持以别贵贱明尊卑者,等级、势力、衣服、号令也。(《等齐》)

所以,君臣之间如果没有任何的区分,"君臣同伦,异等同服"(《等齐》),就会乱了纲常,毁了秩序,这可是有前车之鉴的:

> 夫立君臣,等上下,使父子有礼,六亲有纪,此非天之所为,人之所设也。夫人之所设,弗为不立,不植则僵,不循则坏。秦灭,四维不张,故君臣乖而相攘,上下乱僭而无差,父子六亲殃僇而失其宜,奸人并起,万民离畔,凡十三岁而社稷为墟。今四维犹未备也,故奸人冀幸,而众

下疑惑矣。(《俗激》)

上下尊卑秩序的建立,也是需要适当地由人来设定一些明确的标记加以确立的:

> 然则所谓臣主者,非有相临之具,尊卑之经也,特面形而异之耳。近习乎形貌然后能识,则疏远无所放,众庶无以期,则下恶能不疑其上?君臣同伦,异等同服,则上恶能不眩其下?孔子曰:"长民者衣服不贰,从容有常,以齐其民,则民德一。"《诗》云:"彼都人士,狐裘黄裳,行归于周,万民之望。"孔子曰:"为上可望而知也,为下可类而志也。"则君不疑于其臣,而臣不惑于其君。而此之不行,沐渎无界,可为长大息者此也。(《等齐》)

贾谊借用孔子和《诗经》里的观点来进一步说明遵守礼制的好处,这样可以做到:

> 君不疑于其臣而臣不惑于其君,上下尊卑,秩序井然。(《服疑》)
> 制服之道,取至适至和以予民,至美至神进之帝。奇服文章,以等上下而差贵贱。是以高下异,则名号异,则权力异,则事势异……则死丧异。故高则此品周高,下则此品周下。(《服疑》)

服饰就是用来等上下而差贵贱的,所以高则此品周高,下则此品周下,"贵周丰,贱周谦,贵贱有级,服位有等,等级既设,各处其检,人循其度,擅退则让,上僭则诛"(《服疑》)。有了这些规范,处理事情就有章法可循,"建法以习之,设官以牧之。是以天下见其服而知贵贱,望其章而知其势,使人定其心,各著其目"(《服疑》)。定心、著目,人心就安了,安则定矣,社会秩序缘何而乱?

> 故众多而天下不眩,传远而天下识祇。卑尊已著,上下已分,则人伦法矣。于是主之与臣,若日之与星。臣不几可以疑主,贱不几可以冒贵。下不凌等,则上位尊;臣不逾级,则主位安。谨守伦纪,则乱无由生。(《服疑》)

上下尊卑的关系厘清之后,君臣关系就像是日月与星辰的关系,即符合了天道法则,怎么可能出现混乱呢?

> 岂如今定经制,令主主臣臣,上下有差,父子六亲各得其宜,奸人无所冀幸,群众信上而不疑惑哉。此业一定,世世常安,而后有所持循矣。(《俗激》)

所以,定礼制可以使世世常安,劝汉文帝必须早作打算。贾谊对这个问题的论述精辟无比,既体现了他极强的逻辑思维能力,更体现了他的拳拳爱国之心和他的大智慧,如此透彻入理的高见,岂一般人所能为之? 所以,面对当时诸侯王僭越礼制的行为,贾谊认为解决此问题的办法就是定经制,即建立确定无疑的上下尊卑等级秩序。

贾谊的第二个策略"定地制"是针对诸侯王经济富庶,拥有的土地面积辽阔之现实而提出来的。当时,有的诸侯王实力已经越来越强大,首屈一指的当数吴王刘濞:"吴有豫章郡铜山,濞招致天下亡命者盗铸钱,煮海水为盐,以故无赋,国用富饶。"①经济富庶、国土庞大、人口众多,这使得诸侯王具备了足够的谋反实力。关于"诸侯王实力强大后就一定会发生叛乱"的这个观点,贾谊首先用历史史实加以论证,非常有说服力。他说:

> 昔楚灵王问范无宇曰:"我欲大城陈、蔡、叶与不羹,赋车各千乘焉,亦足以当晋矣,又加之以楚,诸侯其来朝乎?"范无宇曰:"不可。臣闻之大都疑国,大臣疑主,乱之媒也;都疑则交争,臣疑则并令,祸之深者也。今大城陈、蔡、叶与不羹,或不充,不足以威晋;若充之以资财,实之以重禄之臣,是轻本而重末也。臣闻'尾大不掉,末大必折'②,此岂不施威诸侯之心哉? 然终为楚国大患者,必此四城也。"(《大都》)

结果是,虽然当年这些诸侯王都来朝贡,但是数年之后,"陈、蔡、叶与不羹,或奉公子弃疾内作难,楚国云乱,王遂死于干溪芊尹申亥之井"(《大都》)。所以,贾谊感叹道:

> 为计若此,岂不可痛也哉! 悲夫! 本细末大,弛必至心。时乎! 时

① 司马迁:《史记·吴王刘濞列传》卷106,中华书局2011年版,第2462页。
② 注:此话引自《左传·昭公十一年》,原作"末大必折,尾大不掉"。

乎! 可痛惜者此也。(《大都》)

这是一个颠扑不破的真理,而且不管是同姓还是异姓的诸侯王,只要时机成熟就一定会有谋反的意图,当时长沙王没有反叛,并不是他的性情跟别的诸侯王有什么不同,而是形势使他这样的,言下之意就是说,如果长沙王的实力足够强大,那么反上是迟早的事,所以做皇帝的一定要引以为戒。

为此,贾谊不厌其烦地耐心劝导汉文帝,一定要从长计议,做到未雨绸缪:

> 今或亲弟谋为东帝,亲兄之子西向而击,今吴又见告矣。天子春秋鼎盛,行义未过,德泽有加焉,犹尚若此,况莫大诸侯,权势十此者乎!(《宗首》)

天子虽行义未过,德泽有加,但还是出现了"亲弟谋为东帝""吴又见告"的情况,何况最大的诸侯权位势力还有十倍于前面这些诸侯王的呢? 假如听任诸侯王扩充自己的实力,几年之后,诸侯反叛的事件就会层出不穷,而现在之所以从总体上看似乎天下还是呈现出一种安定团结的局面,主要是因为那些被分封的诸侯王年龄尚小,一旦时机成熟,就一定会出现犯上作乱的事情:

> 然而天下少安者,何也? 大国之王,幼在怀衽,汉所置傅相,方握其事。数年之后,诸侯王大抵皆冠,血气方刚。汉之所置傅,归休而不肯住,汉所置相,称病而赐罢。彼自丞尉以上,偏置其私人,如此有异淮南、济北之为耶! 此时而乃欲为治安,虽尧舜不能。(《宗首》)

贾谊细心观察后认为往往是实力最强的诸侯王会最先犯上作乱:

> 窃迹前事,大抵强者先反。淮阴王楚最强,则最先反;韩王信倚胡,则又反;贯高因赵资,则又反;陈豨兵精强,则又反;彭越用梁,则又反;黥布用淮南,则又反;卢绾国比最弱,则最后反。(《藩强》)

贾谊正是因为看到了伴随诸侯王实力强大所带来的潜在威胁,所以高度强调了解决这个问题的迫切性,而解决这个问题的最好办法就是"众建诸侯而少其力"(《藩强》)。"欲天下之治安,天子之无忧,莫若众建诸侯而少其力。力少则易使以义,国小则无邪心。"①(《藩强》)这就是贾谊提出"众建诸侯而少其力"这个思想的意义之所在,即力少则易使以义,国小则无邪心,这样就能很好地稳定社会秩序。贾谊认为,"众建诸侯而少其力"的最有效的实施方案就是"割地定制"。他说:

> 割地定制,齐为若干国,赵、楚为若干国,制既各有理矣……其分地众而子孙少者,建以为国,空而置之,须其子孙生者,举使君之。诸侯之地,其削颇入汉者,为徙其侯国及封其子孙于彼也,所以数偿之。故一寸之地,一人之众,天子无所利焉,诚以定治而已,故天下咸知陛下之廉。地制一定,宗室子孙虑莫不王。制定之后,下无背叛之心,上无诛伐之志,上下欢亲,诸侯顺附,故天下咸知陛下之仁。(《五美》)

这是一个两全其美的策略,一方面保持了帝王"仁德"的美名,另一方面又达到了削弱诸侯王的实力,使其无力对抗中央的目的。并且有许多中小诸侯王因为本来没有封地而现在凭借政策的改变而获得了封地,就会对皇帝感恩戴德,绝不会有犯上之心,这真可谓是一举多得的美事。

当然,在这里需要补充强调的是:贾谊"众建诸侯而少其力"主张的提出,同时还考虑到了维护诸侯利益的问题,而不仅仅从如何设法削弱诸侯王实力的角度去考虑问题,也就是说贾谊很好地贯彻了利益兼顾的原则。这个思想,在他的《藩伤》一文中体现得淋漓尽致。他认为,如何掌控诸侯王的实力非常重要,最好的尺度就是既让他们能够生活无忧,又不至于让他们的实力强大到可以对抗中央:

> 爱之故使饱粱肉之味,玩金石之声,臣民之众,土地之博,足以奉养宿卫其身。然而权力不足以徼幸,势不足以行逆,故无骄心,无邪行。奉法畏令,听从必顺,长生安乐,而无上下相疑之祸。(《藩伤》)

因为,若不控制他们的实力,结果反而会害了他们,"既已令之为藩臣矣,为人臣下矣,而厚其力,重其权,使有骄心而难服从也。何异于善砥莫铘而予射子?自祸必矣"(《藩伤》)。如果一味放纵他们强大自己的实力,就等于是

---

① 吴云、李春台:《贾谊集校注》增订版,天津古籍出版社 2010 年版,第 39 页。

把磨得锋利的镆铘剑交给邪恶之人一样,结果一定是自取其殃,这是一个非常恰当的比喻。所以,"众建诸侯而少其力"反而可以"活大臣,全爱子"(《藩伤》)。彼此相安无事,使汉室世世长存。

> 制令:其有子以国其子;未有子者建分以须之,子生而立。其身以子,夫将何失? 于实无丧,而藩国无患;子孙世世与汉相须,皆如长沙可以久矣。所谓生死而肉骨,何以厚此?(《藩伤》)

世世代代,长长久久,这反映了贾谊希望汉王朝长存于世的美好愿望,虽然,用历史的眼光来看,贾谊的思想不可避免地带有时代的局限性,但就贾谊所处的历史时期而言,这已经反映了一个思想家所能设想的极其美好的愿望了。贾谊许多治国思想的提出,总能最大限度地兼顾各方的利益,这与其本身对以"仁义道德"为主旨的儒家思想的推崇有很大的关系。

有学者认为,"贾谊的'众建诸侯而少其力'的主张并不彻底,他一方面主张削弱诸侯王的土地,另一方面却主张'益壤'即建议文帝依靠自己的儿子,扩大他们的封地"①,这两者似乎有自相矛盾之嫌,但我认为,这两者其实并不矛盾,因为,这里涉及一个诸侯王与汉文帝关系的亲疏远近问题以及当时的一些特殊情况,在此限于篇幅,恕不展开论述,我认为这恰恰体现了贾谊思想的灵活性和变通性。

贾谊"众建诸侯而少其力"的主张,不仅被汉文帝直接采纳并发挥了作用,同时也被之后的汉景帝和汉武帝所采纳,从而更好地稳固了西汉的统治,"故文帝采贾生之议,分齐赵。景帝用晁错之计,削吴楚。武帝施主父之册,下推恩之令,使诸侯王得分户邑以封子弟,不行黜而藩国自析。自此以来,齐分为七,赵分为六,梁分为五,淮南分为三,皇子始立者,大国不过十余城,长沙、燕、代虽有旧名,皆亡南北边矣。景遭七国之难,抑损诸侯,灭黜其官,武有衡山、淮南之谋,作左官之律,设附益之法,诸侯惟得衣食租税,不与政事"②。这些事实充分证明了贾谊"众建诸侯而少其力"的思想的长远意义。

(二)"大一统"思想在经济上的体现——"民本"前提下的农本思想

一个国家和谐的"大一统"局面的出现,处理好君民关系,让老百姓安居

---

① 贾晓冬:《贾谊大一统的政治主张》,《湖南科技学院学报》2009 年 6 月,第 30 卷第 6 期。
② 班固:《汉书·诸侯王表》卷 14,中华书局 1962 年版,第 395 页。

乐业是至关重要的。众所周知,民以食为天,在当时的农耕文明社会,农业必须作为国家的根本来对待,为此,贾谊在其提出丰富的民本思想的前提下,向汉文帝高度强调了农本的重要性。

针对当时轻农重商、背本趋末的社会现实,贾谊曾经向汉文帝建言要重视农耕,"今殴民而归之农,皆著于本,使天下各食其力,末技游食之民转而缘南亩"[①],贾谊认为只有让老百姓归本农业,才是正道,也只有这样才能真正富安天下。民以食为天,农业是天下的根本,这是一个颠扑不破的真理。贾谊针对当时西汉农业生产基础十分薄弱的社会现实,认为如果不重视农业,社会就会饥荒遍地,而一旦发生饥荒,整个封建社会的统治秩序就会遭到严重的破坏:

> 一人耕之,十人聚而食之,欲天下之无饥,胡可得也?饥寒切于民之肌肤,欲其无为奸邪盗贼,不可得也。国已素屈矣,奸邪盗贼特须时尔,岁适不为,如云而起耳。(《孽产子》)

接着就会陷入恶性循环之中。因此,必须重视农业生产,使民"皆着于本",才能使老百姓不为"奸邪盗贼",为此,贾谊向汉文帝提出了如下建议:

> 今驱民而归之农,皆着于本,则天下各食于力。末技、游食之民转而缘南亩,则民安性劝业而无县愁之心,无苟得之志,行恭俭蓄积而人乐其所矣。(《瑰玮》)

通过动用政治的力量,驱民归农,从表面上看好像是在强制农民固着于土地上去从事农业生产,通过政府的强制行为来改变当时社会背本趋末的局面,但事实上,这恰恰是考虑到了老百姓的最终利益,"苦民而民益乐也"(《瑰玮》)。只有这样才能使得老百姓的基本生活得到保障,从而安居乐业,使国家长治久安。

(三)"大一统"思想在军事上的体现——"帝者战德"及"建三表、设五饵"等军事思想

针对当时汉初的第二个突出的矛盾,即匈奴与汉王朝的矛盾,贾谊提出了"帝者战德""建三表、设五饵以与单于争其民"及"民天下之兵"等对策,以

---

① 班固:《汉书·食货志上》卷24,中华书局1962年版,第1130页。

维护华夏族的正统地位。关于匈奴问题,前文已经有所提及,据《史记·匈奴列传》记载:

> 其先祖夏后氏之苗裔也,曰淳维。唐虞以上有山戎、脸犹、荤粥,居于北蛮,随畜牧而转移。其畜之所多则马、牛、羊,……逐水草迁徙,无城郭常处耕田之业,然亦各有分地。毋文书,以言语为约束。……士力能弯弓,尽为甲骑。其俗,宽则随畜,因射猎禽兽为生业,急则人习战攻以侵伐,其天性也。其长兵则弓矢,短兵则刀铤。利则进,不利则退,不羞遁走。苟利之所在,不知礼仪。自君王以下,咸食畜肉,衣其皮革,被旃裘。壮食肥美,老者食其余。贵健壮,贱老弱,父死,妻其后母,兄弟死,皆取其妻妻之,其俗有名不讳,而无姓字。①

这确实是一个非常有特色的少数民族,“逐水草迁徙”“苟利之所在,不知礼仪”,要跟这样的少数民族处理好关系确实不是一件容易的事情。深受传统儒家文化熏陶的贾谊,站在传统的维护华夏族正统地位的立场,认为堂堂的汉朝皇帝却不得不低声下气地与匈奴单于“约为兄弟”,“和亲”以免战,总觉得不合常理,有失华夏族的尊严,于是,他上书汉文帝说:

> 天下之势方倒悬,窃愿陛下省之也。凡天子者,天下之首也,何也?上也。蛮夷者,天下之足也,何也?下也。蛮夷征令,是主上之操也;天子共贡,是臣下之礼也。足反居上,首顾居下,是倒县之势也。天下倒县,莫之能解,犹为国有人乎?(《解县》)

贾谊用“首”与“足”来说明汉王朝与匈奴的关系,明显地充满了“天下一家”以及“蛮夷皆属汉”的传统思想,但同时又体现了贾谊维护上下尊卑等级秩序的思想,这个思想在他的《阶级》篇中有充分的体现,将在本章“极其宏阔的‘礼、法、仁’相结合的礼治思想”中进行详细的论述。针对西汉王朝对匈奴采取和亲政策之后并不能有效遏制匈奴的进攻和掠夺的事实,贾谊感到十分气愤,他说:

> 匈奴侵甚,侮甚,遇天子至不敬也,为天下患,至无已也。以汉而岁

---

① 司马迁:《史记·匈奴列传》卷 110,中华书局 2011 年版,第 2879 页。

致金絮增彩,是入贡职于蛮夷也。顾为戎人诸侯也,势既卑辱,而祸且不息,长此何穷!陛下胡忍以帝皇之号特居此?(《势卑》)

堂堂的大汉帝国,怎么可以入贡职于蛮夷呢?且匈奴的表现又是如此的野蛮,"侵甚,侮甚,遇天子至不敬",难道解决匈奴问题就真的如此之难吗?贾谊断然不会这么认为,"臣窃料匈奴之众不过汉一千石大县,以天下之大,而困于一县之小,甚窃为执事羞之"(《势卑》)。贾谊批评文帝及大臣的话可谓入木三分,但汉文帝及大臣为什么没有直接采纳贾谊的建议呢?究其原因,也许主要是因为当时内部的诸侯王势力强大,较之匈奴,诸侯王叛乱对中央政权的威胁更严重;当然,更为重要的原因是汉初国力还不够强大,自认为还无力与匈奴抗衡,所以就因袭了汉初设定的和亲政策,有史料为证:

> 上(指汉文帝)曰:"朕既不明,不能远德,是以使方外之国或不宁息。夫四荒之外不安其生,封畿之内勤劳不处,二者之咎,皆自于朕之德薄而不能远达也。闲者累年,匈奴并暴边境,多杀吏民,边臣兵吏又不能谕吾内志,以重吾不德也。夫久结难连兵,中外之国将何以自宁?今朕夙兴夜寐,勤劳天下,忧苦万民,为之恒惕不安,未尝一日忘于心,故遣使者冠盖相望,结轶于道,以谕朕意于单于。今单于反古之道,计社稷之安,便万民之利,亲与朕俱弃细过,偕之大道,结兄弟之义,以全天下元元之民。和亲已定,始于今年。"①

针对当时的社会现实,即汉王朝没有力量用武力彻底驱逐匈奴,而在贾谊看来,和亲政策对汉王朝来说又显得过于屈尊,那么,到底用什么办法来对付气焰嚣张的匈奴?怎么才能做到既不两败俱伤又能两者兼顾?经过深思熟虑,贾谊提出了"帝者战德"的思想:

> 臣闻强国战智,王者战义,帝者战德。故汤祝网而汉阴降,舜舞干羽而南蛮服。今汉帝中国也,宜以厚德怀服四夷,举明义博示远方,则舟车之所至,人力之所及,莫不为畜,又孰敢纷然不承帝意?(《匈奴》)

这里所谓"以厚德怀服四夷"其实是对儒家"怀柔远人""以德怀远"思想的继

---

① 司马迁:《史记·孝文本纪》卷10,中华书局2011年版,第364页。

承。据考证,"怀柔远人"的思想是鲁哀公向孔子问修身治国之道时,孔子给鲁哀公的建议。孔子建议鲁哀公以"怀柔"的方式,使四方的"蛮夷"归化,以使鲁国成为天下畏之的强国。简单地说,所谓怀柔远人,其实就是用恩德使远方的人来归附。这个词语源于《礼记·中庸》中的"柔远人则四方归之,怀诸侯则天下畏之"。而事实上,这还不是提出怀柔远人思想的最早记录,据史料记载,早在孔子之前的西周时期,"怀柔远人"的思想就已初见端倪,据《国语·周语上》记载:

> 穆王将征犬戎,祭公谋父谏曰:"不可,先王耀德不观兵。……先王之于民也,懋正其德而厚其性,阜其财求,而利其器用,明利害之乡,以文修之,使务利而避害,怀德而畏威,故能保世以滋大。……是先王非务武也,勤恤民隐而除其害也。"(《国语·周语上》)

这就明显强调了用德性取代兵戎的思想,并将武王和商王作对比:

> 至于武王,昭前之光明而加之以慈和,事神保民,莫弗欣喜。商王帝辛,大恶于民,庶民不忍,欣戴武王,以至戎于商牧。(《国语·周语上》)

也就是说,周武王因为德行光明磊落加之以慈和,所以深受老百姓的爱戴,而商纣王因为施行暴政,不爱惜百姓而使民众纷纷背叛他而最终被周所灭。通过这一正一反两个事例,充分强调了德政的价值。因此,关于"德"政的思想,在我国可谓是源远流长,而且,在古人的思想意识里,"德"的范围是可以波及天下的。"德在对外关系中,尤指一种宽大为怀、和平为重、有实力而不欺人的做法和态度。"[1]所以,早在西周时期,其政治文化就非常重视明德、敬德、务德,纵览西周在这一方面的文献记载,可以明显地看出,西周的敬德思想与春秋的德政思想一脉相承,政治文化中的德政思想在春秋时代得到了进一步的发展,而且将"德"政思想贯彻到治国的方方面面,"从政治思想上来说,'德'可与其他多个概念构成对待关系,如德与兵、德与罚、德与力等等"[2]。

孔子的为政之道,就特别强调德行的重要性和巨大价值,他说:"为政以

---

[1]　陈来:《古代思想文化的世界》,生活·读书·新知三联书店2002年版,第217页。
[2]　陈来:《古代思想文化的世界》,生活·读书·新知三联书店2002年版,第217页。

德,譬如北辰,居其所而众星共之"(《论语·为政》),即当政者应该正心修身,施惠于民,使近者悦服,远者来归,这就好像是高挂在天空的北斗星一样,其星辉可以照耀世间万物,众星都环绕着它,因此,居上位者若能为政以德,就可不动而化民,不言而使民信。所以,我认为,贾谊提出的"帝者战德"思想,似是对西周时候就形成的"耀德不观兵"思想以及春秋时期孔子的"怀柔远人"和"为政以德"思想的继承和发展。当然,贾谊所设想的对付匈奴的方法,也不纯粹是儒家的思维方式,其中也糅合了某些法家之"术"的思想。这一点可以从他向汉文帝所提出的"建三表,设五饵"之策中看出来。所谓"三表"就是向匈奴民众展示汉天子的信、爱、好等美好的品德,使他们怀服其德,远慕其志,从而心甘情愿地归附大汉王朝的统治。贾谊说:

> 陛下肯幸用臣之计,臣且以事势谕天子之言,使匈奴大众之信陛下也。为通言耳,必行而弗易,梦中许人,觉且不背其信,陛下以诺,若日出之灼灼。故闻君一言,虽有微远,其志不疑;仇雠之人,其心不殆。若此则信谕矣,所图莫不行矣,一表。(《匈奴》)

"梦中许人,觉且不背其信"是贾谊在《谕诚》篇中引用的一个历史故事:

> 文王昼卧,梦人登城而呼己曰:"我东北陬之槁骨也,速以王礼葬我。"文王曰:"诺。"觉,召吏视之,信有焉。文王曰:"速以人君礼葬之。"吏曰:"此无主矣,请以五大夫。"文王曰:"吾梦中已许之矣,奈何其倍之也。"士民闻之曰:"我君不以梦之故而倍槁骨,况于生人乎!"于是下信其上。(《谕诚》)

周文王对自己在梦中说的话都如此讲信用,可以说是讲信用到了极致,老百姓当然信任他并且愿意为他效力。所以"信"是第一表。

> 如此臣又且以事势谕陛下之爱。令匈奴之自视也,苟胡面而戎状者,其自以为见爱于天子也,犹弱子之迕慈母也。若此,则爱谕矣,一表。(《匈奴》)

如若能让匈奴人感受到天子喜欢他们的状貌,体会到那种弱子遇到慈母的温暖,这种吸引力无疑是很大的,所以"爱"是第二表。

> 臣又且谕陛下之好。令胡人之自视也,苟其技之所长与其所工,一
> 可以当天子之意。若此则好谕矣,一表。(《匈奴》)

让匈奴人感觉到天子居然喜欢他们自己所擅长的技艺,这是很容易拉近双
方的距离的,所以"好"是第三表。

> 爱人之状,好人之技,人道;信为大操,帝义也。爱好有实,已诺可
> 期,十死一生,彼必将至。此谓三表。(《匈奴》)

喜欢他们的状貌和技艺,是合于人道的,以诚信为最高的操守,是帝王之大
义,用光明的德行,让匈奴人感受到归附汉朝统治对他们有百利而无一害,
那么,匈奴人何乐而不为呢?

除此三表,贾谊还提出了对来汉朝的匈奴使者施以"五饵"之法的构想,
所谓"五饵",就是运用美服和华丽的装备、美食、美丽的乐舞、美室和优厚的
待遇等中原地区丰富的物质精神生活条件引诱匈奴贵族来降,分化瓦解匈
奴集团内部的统治,最终达到不战而胜的目的,这是一种循序渐进的攻心策
略。具体而言,其一是以锦绣华饰坏其目;其二是以美羹膹炙肉坏其口;其
三是以音乐舞蹈坏其耳;其四是以华宇厚赏坏其腹;其五是厚待胡人贵族及
其子弟,以坏其心。这些做法,从表面上看好象确实挺攻于心计的,似乎给
人狡诈的感觉,但事实上,从贾谊思想的整体脉络来看,这恰恰体现了他的
良苦用心,是他所强调的"帝者战德"思想的鲜明体现。因为,如果这些措施
运用得当,实现了贾谊预想的效果,实际上就意味着不战而胜,这是打赢战
争的极高境界,用现在流行的话来说,是几乎实现了零伤亡。正如我前面所
说,在贾谊"大一统"思想的框架里,无论是汉族之民还是少数民族之民都是
天下之民,而在当时,天下是属于西汉王朝的,所以,毫无疑问,匈奴之民就
是西汉之民,零伤亡当然是最好的结局,体现了"帝"之大德。其实,在贾谊
向汉文帝提出解决匈奴问题的策略中,可以说事无巨细他都考虑得十分周
全,这在他所写的《匈奴》一文的最后部分可以清楚地看到:

> 或曰:"建三表,明五饵,盛资翁主,禽敌国而后止,费至多也,恶得
> 财用而足之?"对曰:"请无敢费御府铢金尺帛,然而臣有余资。"问曰:
> "何以?"对曰:"国有二族,方乱天下,甚于匈奴之为边患也。使上下踏
> 逆,天下窭贫,盗贼、罪人蓄积无已,此二族为祟也。上去二族,弗使乱

国,天下治富矣。臣赐二族,使崇匈奴,过足言者。"(《匈奴》)

贾谊在《春秋》篇中所提的这段话的主要意思是,在一般人看来,用"三表五饵"之策,似乎挺浪费国家的资财的,显得有点得不偿失,但贾谊认为这恰恰是让天下安定的最好办法,国家安定才是最大的得,反之才是贪小失大的想法。何况,若将匈奴之民看成是大汉未来之民,那么,给他们"锦绣华饰、美荤腪炙肉"等财物又哪里算是失去呢?这何尝不是另一种得到?联系前文所及的邹穆公以国库之粟换民之秕以喂雁的故事,"取仓之粟移之与民,此非吾粟乎?""囊漏贮中,何失之有?"(《春秋》)另外,贾谊文中提到的设法去"乱天下"之二族,然后"臣赐二族,使崇匈奴"的思想,他将去二族之乱作为余资来充当施"五饵"的开支,实是一种难得的高见,这体现了贾谊的足智多谋以及考虑问题的全局观念。贾谊接着又进一步道出了其向汉文帝提出设三表五饵之策的所以然之处:

> 或曰:"天子下临,人民慁之。"曰:"苟或非天子民,尚岂天子也。《诗》曰:'普天之下,莫非王土。率土之滨,莫非王臣。'王者,天子也。苟舟车之所至,人迹之所及,虽蛮夷戎狄,孰非天子之所哉?而惵渠颇率天子之民,以不听天子,则惵渠大罪也。今天子自为怀其民,天子之理也,岂下临人之民哉?"(《匈奴》)

我觉得贾谊的这段话说得极好,"舟车之所至,人迹之所及,虽蛮夷戎狄,孰非天子之所哉?"这是体现贾谊"大一统"思想的一个极好的例证,在他的观念里,蛮夷戎狄之所,都应该是汉家的天下,正如《诗经》所言的"普天之下,莫非王土。率土之滨,莫非王臣"(《诗经》),作为汉王朝的统治者就应该尽一切可能统一天下,并且努力使天下安定团结。在这个观念之下,匈奴单于统治下的匈奴之民当然也就是大汉之民,即天子之民,只不过暂时被单于所控制罢了,"惵渠颇率天子之民,以不听天子,则惵渠大罪也",所以他要向汉文帝建议努力与单于争其民,"臣为陛下建三表,设五饵,以此与单于争其民,则下匈奴犹振槁也"(《匈奴》)。一旦争民成功,边患问题也就自然解决了,这不是一个非常成功的两全其美的策略吗?从中可见贾谊对待匈奴的策略是极高明而又富有远见的充满了大智慧的一种"术"。(注:此"术"对应后文提及的贾谊《道术》篇中的"道者,所从接物也。其本者谓之虚,其末者谓之术。虚者,言其精微也,平素而无设施也。术也者,所从制物也,动静之数也"之"术"。这是一种合"道"之"术"。)

在对待匈奴问题上,贾谊还提出了一个极其富有建设性的观点,那就是"民天下之兵"的思想:

> 陛下肯听其事计,令中国日治,匈奴日危,大国大富,匈奴适亡。咤犬马行,理势然也。将必以匈奴之众,为汉臣民,制之令千家而为一国,列处之塞外,自陇西延至辽东,各有分地以卫边,使备月氏灌窳之变,皆属之直郡,然后罢戎休边,民天下之兵。帝之威德,内行外信,四方悦服,则愚臣之志快矣。(《匈奴》)

匈奴问题,是当时最大的边患,此问题若能得到彻底的解决,就可以"罢戎休边,民天下之兵",最终使四方悦服,这将是一种极其理想的社会状态,"民天下之兵",意味着战事的停歇,意味着老百姓可以安居乐业,意味着国家出现了安定团结的局面,意味着国泰民安,意味着社会的和谐,这不是轻而易举能做到的,却体现了贾谊孜孜以求的极其美好的构建和谐的理想社会的愿望。

从贾谊关于解决匈奴问题向汉文帝上奏的对策来看,他对自己设想的这套制服匈奴的办法还是比较有信心的,他曾向文帝毛遂自荐,愿意设立属国来亲自实践自己的政治主张:

> 臣窃料匈奴之众不过汉一千石大县。以天下之大而困于一县之小,甚窃为执事羞之。陛下有意,胡不使臣一试理此?夫胡人于古小诸侯之所铚权而服也,奚宜敢悍若此?以臣为属国之官,以主匈奴。因幸行臣之计,半岁之内,休屠饭失其口矣。少假之间,休屠系颈以草,膝行顿颡,请归陛下之义,唯上财幸,而后复罢属国之官。臣赐归伏田庐,不复涛末廷,则忠臣之志快矣。(《匈奴》)

这足见贾谊高度肯定自己所提出的解决匈奴问题的策略之可行性,愿意通过自己的亲历亲为来证明其设想的有效性。然而,比较不幸的是,对于贾谊"建三表施五饵,建立属国,设置官吏,解决匈奴屡屡南下侵扰问题"的策略,历来都没有给予很高的评价,班固首先对贾谊的这一思想进行了否定。他说,"及欲试属国,施五饵三表以系单于,其术固以疏矣"①。鲁迅先生也认为,贾谊的三表五饵之策"颇疏阔","不能与晁错之深思为伦矣"。② 在我看来,贾谊的这套看似"颇疏阔"的策略是一种难得的高见,一方面是迫于当时的形势,这其实是作为一个有深谋远虑的思想家所能想到的解决匈奴问题的最好办法之一,另一方面,这也是贾谊以"大一统"为前提的政治哲学思想的重要体现之一。而且,事实上这套方法在历史上也确实起到了一定的作用。随着西汉王朝经济、军事实力的增强,西汉政府在用武力讨伐匈奴的同时,也没有放弃这种诱降手段。"据不完全统计,景帝时以封侯招徕匈奴降者七人,武帝时则上升为十七人,尤其是武帝时期,在武力讨伐和诱降政策的双重作用下,匈奴贵族急剧分化,昆邪王率众四万人降汉,被封为深阴侯,汉政府置五属国以处其众。"③这就充分证明了贾谊的"建三表、设五饵"之策的可行性。事实上关于匈奴问题,随着时间的推移和匈奴本身实力的壮大,反而越来越难以解决,假如汉文帝时能及早采纳贾谊的建议,果断实施贾谊所提出的策略,匈奴问题说不定早就得到解决了。

### 3.2.3　极其宏阔的"礼、法、仁"相结合的礼治思想

在贾谊看来,要真正治理好国家,实现他理想中的"大一统"格局,在治国的思想理念中,"礼、法、仁"这三者是缺一不可的,这是贾谊设定的一个颇具远见卓识的大格局,只有这样才能真正实现国家的长治久安。在"礼、法、仁"这三者当中,"仁"是核心和最终目的,这是贾谊对儒家思想的继承和发展,"儒家言道言政皆植根于仁"④;礼是确保"仁"的实现的外在形式,孔子就明确提出过"人而不仁如礼何"(《论语·八佾》)这样精辟的观点,而"法"是"仁"和"礼"的保障,在必要的时候,当"礼"受到挑战,当"仁"心开始缺失的时候,就一定要用"法"这个强有力的武器来确保正常的社会秩序的维护,所以这三者是相辅相成、缺一不可的。

首先,我们来看看"仁"的思想内涵的衍化历程及贾谊对"仁"的积极践行。儒家思想以"仁"为核心。孔子所谓的"仁"主要有两层含义,即"爱人"和"德治",而其中心内涵是"忠恕"之道。即以己之心,度人之心,这个看似简单的道理实际上包含着深刻的哲理,因为无论是一般的人际关系的处理

---

① 班固:《汉书·贾谊传》卷48,中华书局1962年版,第2265页。
② 鲁迅:《鲁迅全集》卷10,《汉文学史纲要》,人民文学出版社1972年版,第559页。
③ 梁安和:《贾谊思想研究》,西北大学出版社2006年版,第133页。
④ 梁启超:《儒家哲学》,上海人民出版社2009年版,第247页。

还是统治阶级的治国之策,如果真的能做到以己之心,度人之心,社会状况必将是一番和谐的景象,这是儒家的至德之理。正是因为认识到了这一点,南宋著名的理学家朱熹就把"仁"的思想加以继承和深化,他一再强调"尽己之心为忠,推己及人为恕"这个思想。即把"仁"理解为贯彻"忠恕之道"。当然,要做到推己及人,就应该首先尽己之心。作为忠恕之道,就其行为表现来说,其一般层次的表现形式是"爱人",是修身、齐家,而其最高层次的表现形式则是治国和平天下。我国古代的知识分子一直把治世救国、安定社稷看作是自己的崇高而又神圣的职责,"穷则独善其身,达则兼善天下"(《孟子·尽心上》),孔子、孟子以及其他儒家思想的继承者们都持这样的观点,他们位卑不敢忘国忧,"知其不可为而为之",形成了一种坚忍不拔、奋发向上的入世精神。

继承和发扬了儒家思想诸多重要内涵的贾谊当然也是主张积极入世的,一心想为汉室的勃兴贡献自己的聪明才智。在他被任用之初,就打算着手典章制度的改革,"贾生以为汉兴至孝文二十余年,天下和洽,而固当改正朔,易服色,法制度,定官名,兴礼乐,乃悉草具其事仪法,色尚黄,数用五,为官名,悉更秦之法"①。显示了他对辅佐汉文帝治理好汉王朝的勃勃雄心。后来,因为一些主要大臣的妒忌和汉文帝听信了他们的谗言,贾谊被贬为长沙王太傅,这虽然给了他的仕途以极大的打击,他因此先后写下了《吊屈原赋》和《鵩鸟赋》,借屈原以自悼,用天人合一的思想以自慰,但他并没有因此而消沉,而是蓄势待发,继续以满腔热情关注汉室的兴衰成败,仍然以天下兴亡为己任。后因汉文帝再次领教到贾谊的才能,任用他为梁怀王太傅后,贾谊以饱满的热情迎接第二次政治生命,在不到四年的时间里,他"数上疏而陈政事"②,绝大部分奏疏和政论文及杂文都是这个时期写下的,可以说这是贾谊政治思想的成熟期和高产期,从其政治思想中处处可见他对儒家"仁"的思想的继承和发展的痕迹,贾谊认为治理国家的最终目的就是要"建久安之势,成长治之业"(《数宁》),即将"仁"政贯彻到社会生活的方方面面。从贾谊在这段时期所写的文章中可以明显地看出,他清醒地认识到大汉王朝看似安定的表面现象下所隐藏的严重的社会危机,因而"数上疏而陈政事,多所欲匡建"③。其根本方法就是建立以"仁"为核心并有一定的法制作保障的礼制,他把"法"与"礼"融合在一起,以期建立一种更为稳固的道德法

---

① 司马迁:《史记·屈原贾生列传》卷84,中华书局2011年版,第2192页。
② 班固:《汉书·贾谊传》卷56,中华书局1962年版,第1918页。
③ 班固:《汉书·贾谊传》卷56,中华书局1962年版,第1918页。

制体系。可见,这时的贾谊一方面践行"仁",亲历亲为,另一方面又积极为"仁"的实现向朝廷建言献策,不辞辛劳。

贾谊对"仁"的思想的把握经历了一个从继承至发展的过程。这突出表现在他强调用仁义的手段来处理民族关系这一点上。汉初匈奴势力经常南下扰乱汉族人民的生活,严重影响着边疆的安定,贾谊主张"宜以厚德怀服四夷"(《匈奴》),提出建"三表"、设"五饵"之策。(注:这些在上文中已有详细提及)贾谊主张以"五饵""牵其耳、牵其目、牵其口、牵其腹,四者已牵,又引其心"(《匈奴》),用这种方法来争取匈奴的上层,这样就可以不费一兵一卒来与单于争其民,从而用和平的方式解除边患。不可否认,贾谊对匈奴问题的处理,是对孔子提出的"远人不服,则修文德以来之"(《论语·季氏》)的思想的继承和发展,却比孔子的思想显得更为具体明确,也更加切实可行。但更为难能可贵的是,贾谊的这一思想大大扩展了"仁"的境域和价值域,因为,在他看来,一方面,如果匈奴问题得到了最终的解决,那么单于之民就是大汉之民,所以,要尽最大可能和尽早地善待天下之民;另一方面,战争总会带来人道主义的灾难,所以,关于民族纠纷,假如不诉诸武力也能解决问题,那么就尽量不要诉诸武力。也就是说,贾谊把"仁"的境域扩展到了在可能的范围之内要善待天下之民的范围,把"仁"的价值最大化到如何让更多的仁沐浴在"仁"的光泽之下。

其次,在"礼"和"法"这两者当中,贾谊更侧重强调了"礼"的重要性:

> 礼者,所以固国家,定社稷,使君无失其民者也。主主臣臣,礼之正也;威德在君,礼之分也;尊卑大小强弱有位,礼之数也。礼,天子爱天下,诸侯爱境内,大夫爱官属,士庶各爱其家。失爱不仁,过爱不义,故礼者所以守尊卑之经,强弱之称者也。(《礼》)

贾谊把"礼"的价值提升到了"固国家,定社稷"的高度,而且把"礼"的重要性进行进一步的展开论述:

> 故道德仁义,非礼不成;教训正俗,非礼不备;分争辨讼,非礼不决;君臣上下父子兄弟,非礼不定;宦学事师,非礼不亲;班朝治军,莅官行法,非礼威严不行;祷祠祭祀,供给鬼神,非礼不诚不庄。是以君子恭敬撙节退让以明礼。(《礼》)

"礼"的重要性涉及社会生活的方方面面,也就是说,"礼"能使社会生活呈现出一番和谐美好的局面。如果说孔子的"礼"强调的是一种等级意识的话——"君君,臣臣,父父,子子"(《论语·颜渊》),那么,贾谊则是进一步在等级的基础上发展出了"阶级"的概念,让人们更进一步认识到"礼"的重要性和其存在的积极意义,这是一种理论上的巨大创新:

> 人主之尊,辟无异堂。陛九级者,堂高大几六尺矣。若堂无陛级者,堂高不过尺矣。天子如堂,群臣如陛,众庶如地,此其辟也。故陛九级、廉远地则堂高,近地则堂卑。高者难攀,卑者易陵,理势然也。故古者圣王制为列等,内有公卿、大夫、士,外有公、侯、伯、子、男,然后有官师、小吏,施及庶人。等级分明,而天子加焉,故其尊不可及也。(《阶级》)

贾谊用"堂"的规模大小和"陛级"多少来比喻人主地位的尊贵程度,也就是说,若"堂"大"陛级"多,则更能显出人主地位之高,从而得到的尊重也会更多,从这个角度而言,等级制是必要的,否则就会失去人主的威严,所以,就此而言,"礼"的规定和推行,能让百姓安居乐业,让国家长治久安,而这也就是一种"仁"政的体现,所以,贾谊主张建立森严的等级制度,从天子到平民百姓都各有等级,不能僭越,而且对每个等级的人要分别对待,规定不同的礼节,以明廉耻、行礼义,这就让"礼"的作用和意义得到了更好的彰显。所以贾谊说"礼"可以"固国家,定社稷,使君无失其民"(《礼》),贾谊所主张的"仁"的理想状态的实现是建立在"礼"的基础之上的,在等级分明的前提之下,大家都各自遵守"礼"的相关规定,就能使社会秩序井然,因此最终能固国家,定社稷。由此可见,"礼"是为政治服务的,是实现"仁"的政治理想的必备要素。而为了实现安定国家的"大仁",贾谊提出了两个非常独特的观点,那就是适当保持对统治者上层的"小仁",即他所提出的"礼不及庶人,刑不至君子"(《阶级》)的观点以及"礼者,所以守尊卑之经,强弱之称者也"(《礼》)的观点,通过不同等级之间"礼"的界定来区分尊卑强弱。我觉得贾谊的这两个观点的提出是非常有价值的,让我们可以更立体地、全方位地来解读"礼"的规定对"仁"政的辅助作用。在他的《阶级》一文中曾经提到:

> 鄙谚曰:"欲投鼠而忌器",此善喻也。鼠近于器,尚惮而弗投,恐伤器也,况乎贵大臣之近于主上乎。(《阶级》)

贾谊用投鼠忌器来比喻大臣与主上的关系,最简单的理解就是大臣毕竟是主上挑选的大臣,是主上的左右手,如果因为大臣做了不该做的事,就马上给以很严重的惩罚,实际上从某种程度上来说也是对主上的一种惩罚或者至少会有损主上的威严。所以,贾谊说:

> 廉丑礼节,以治君子,故有赐死而无戮辱,是以系、缚、榜、笞、髡、刖、黥、劓之罪,不及士大夫,以其离主上不远也。(《阶级》)

言下之意就是说要给这些大臣留有尊严,这同时也是在维护主上的尊严,因为,假如主上的尊严得不到维护,社稷大业的安定就会受到威胁,如此权衡利弊,就会发现给予大臣适当的"小仁"恰恰有助于整个社会"大仁"的实现。这个观点可以从贾谊对赵高杀害秦二世事件的评价中找到依据,贾谊认为,秦二世之所以会被赵高杀害,就是因为他平时推行严刑峻法,随意杀戮大臣所造成的,因为秦二世的这种统治策略,既使他自己处于孤立无援的境地,从而使自己失去威势,同时也会助长大臣的野心,可以随便侯机犯上,从而导致弑君局面的出现。所以,一定要养臣下有节,主上的尊严才可以得到维护,地位可以得到确保,况且,全面地看待贾谊提出的这个观点,我们会发现,他并不是说在大臣做了不该做的事情之后不给予任何的惩罚,只是惩罚的方式要有所选择,譬如,可以赐死,但最好不要给予戮辱,即尽量维护大臣的尊严,这同时也就维护了主上的尊严。

再次,我们来分析"礼""法""仁"三者当中"法"所起的作用,整个社会大"仁"局面的出现,不仅要由"礼"来保障,必要的时候,还要辅之以"法",这是贾谊对"仁"的内涵的进一步衍化。在孔子那里,"礼"与"法"有严格的区分,或者说他是重"礼"轻"法"的,"道之以政,齐之以刑,民免而无耻;道之以德,齐之以礼,有耻且格"(《论语·为政》)。另一位儒家的代表人物荀子所强调的"隆礼重法"中的"礼"又近于法家的"法"。而贾谊则是把"礼""法"这两者很好地加以调和,以"礼"注于"仁"之中,并以"法"来保障"仁"的最终实现。如,以如何处理好皇帝与众诸侯王之间的关系这个问题为例,一方面,贾谊主张要礼待诸侯,而另一方面,贾谊同样强调了法治在确保王朝长治久安中所起的作用。在他的《治安策》一文中,提出用"众建诸侯而少其力"的办法来避免诸侯犯上作乱,从而达到实现汉王朝长治久安的目的,就是"礼"待诸侯王的一种表现,这体现出贾谊主张以"礼"达"仁"的"仁"政的一面。针对当时诸侯势力强弱不一的现状,他指出:

> 仁义恩厚,此人主之芒刃也;权势法制,此人主之斤斧也。势已定,
> 权已足矣,乃以仁义恩厚而泽之,故德布而天下有慕志。今诸侯王皆众
> 髋髀也,释斤斧之制,而欲婴以芒刃,臣以为刃不折则缺耳。(《制不
> 定》)

这其实是一种极高的政治智慧,在国家局势尚能掌控的前提之下,对诸侯王
就应该多施仁义,既可保持国家的安定,又能让诸侯王心甘情愿地为社稷大
业效力,何乐而不为呢?然而,如果诸侯王野心毕露,就应该动用法治的力
量来解决,所以,面对淮南王、济北王的叛乱,贾谊尖锐地指出,要用武力加
以镇压,"故不用之淮南、济北? 势不可也!"(《制不定》)而等到叛乱平定之
后,就可以施以仁义恩泽,以巩固汉王朝的统治,所以要因时势而变,择适者
而用之。

总之,贾谊关于"礼""法""仁"三者有机结合的治国思想糅合了儒家与
法家的观点,并在此基础上进行了一定的理论创新,在当时具有很强的现实
意义,即便是在当今时代,也具有极大的借鉴意义,既维护了社会的安定,又
兼顾了各方的利益。

### 3.2.4　富有特色的教育思想

贾谊政治哲学思想的内容中,还包括其以"教者政之本"为出发点的富
有特色的教育思想,他高度强调了治国过程中教育所担当的重要角色,尤其
是在他的作品中反复强调的要注重太子教育的那部分内容。鉴于贾谊在中
国思想史上极其重要的地位,历来不乏研究贾谊教育思想的专家、学者,如
徐复观先生在他的重要著作《两汉思想史》第二卷《贾谊思想的再发现》一文
中专门提到了贾谊"对太子的教育"问题,认为"贾谊更注意到皇位继承人的
问题,这是皇权专制中最无法解决的问题。……贾谊为汉室想到这一点,因
而提出对太子的教育问题,这正是他卓越的地方。……他由此而把他的教
育思想与制度陈叙了出来";王兴国先生《贾谊评传》的第八章就专门论述了
贾谊的伦理和教育思想;唐雄山先生的《贾谊礼治思想研究》的第七章,强调
了要把教育太子作为实现礼治的根本保障,内容涉及教育太子的内容、方
法、重要性以及教育太子的人性依据等等;吴松庚先生的《贾谊》一书在第五
章第五节专门论述了贾谊的教育理论,几乎把贾谊的教育思想全部罗列了
一遍,也明确强调了贾谊对教育的高度重视:"贾谊将教育的重要性抬到了
极高的程度,《大政》篇中,他就从巩固封建统治秩序出发,系统阐述了教育、

教化在治国、治民治吏中的地位和作用。"此外,专门研究贾谊教育思想的单篇论文也很多,比较有代表性的一篇是北京师范大学教育系王松涛先生的《贾谊教育思想述略》一文,文章比较全面地论述了贾谊教育思想的总体内容,特别是强调了早期教育的内容以及教育与环境、政治的关系等等。有学者认为,贾谊的教育思想没有系统性。因为他只是单纯强调了对太子教育所应注意的一些问题和方法,因此带有明显的局限性,如有学者认为:"应当指出的是,贾谊以上所述,都是仅以太子为教育对象,围绕太子的成长和教育过程而进行的,反映出他的历史与阶级局限性。"①另有学者认为:"贾谊长期任太傅,他所讲的教育,大多是指太子教育,因此其内容难免有其局限性"②,但是,我认为,贾谊的教育思想其实已经是比较系统和全面的了,而且有他自己鲜明的特色,尤其是他对教育的重要性以及教育的基本理论问题的一些见解,如:教育与政治的关系;在教育的丰富内容中突出强调要注重"礼"教;注重对太子的教育(内容涉及早期教育、为太子选择优秀的老师、注重教育与环境的关系、注重勤学等方面),重视胎教以及儿童的早期教育、教育的主要内容等等,贾谊在教育问题上的这些独到的见解,具有广泛的适用性和可借鉴性,虽历经几千年仍然具有重大理论意义和现实意义。本节内容将从下面几方面展开论述:其一,贾谊教育思想的人性论依据;其二,从贾谊的"教者政之本"的观点出发来考察贾谊思想世界中的教育与政治的关系;其三,在贾谊教育思想的丰富内容中突出强调要注重礼教;其四,注重对太子的教育;其五,贾谊教育思想的普遍意义及当代意义。

## 一、贾谊的人性论

一旦涉及教育问题,人性的善恶问题是个绕不开的话题,因为这直接关系到教育的宗旨、内容、方法以及意义等重要问题。人性到底原本是善还是恶? 是无善无恶还是有善有恶? 历来不同的思想家都是有争论的,在此,先简单地罗列一下中国先秦时期有关人性善恶的部分观点。

1.孔子认为:"性相近,习相远也"(《论语·阳货》),在孔子看来,人的天性是差不多的,然而因为后天习染的影响,使得人与人之间产生了很大的差别,以至于有不同的等级之差、智愚之别。孔子很少讲"性",也没有直接明白地讲性之善恶,但其"性相近,习相远也"的命题,却留给后人很多的思考。可以这样说,孔子是我国第一个提出人性学说的思想家,对以后的人性学

---

① 王松涛:《贾谊教育思想述略》,1949—2012 China Academic Journal Electronic Publishing House. All rights reserved. http://WWW. cnki. net。
② 王兴国:《贾谊评传》,南京大学出版社 2006 年版,第 261 页。

说,产生了重要的影响。

2.春秋时期孔门七十二贤之弟子之一,战国初期的世硕,是中国思想史上最早提出人性有善有恶论的人。世硕主张人生来就具有"善"与"恶"这样两种不同的自然质性,认为人性"各有阴阳,善恶在所养焉",从这句话可以看出,世硕在肯定人性具有先天的自然属性的同时,进一步强调了后天的教育对人性善恶的变化或转化能产生重要的影响。

3.告子的人性论。告子,又名告不害,因提出"性无善无不善"(《孟子·告子章句上》)的人性论而著称。认为"生谓之性""食色,性也"(《孟子·告子章句上》)。即,性是指人先天生下来就具有的本能,至于通过后天学习所养成的习性则不能称之为性,因为食色是人人生来就具有的本能,所以,只有这些才是人的本性。如此看来,要使人为善就必须通过后天的教导积累,若人为恶也需要有相关的因素诱发养成,因此,告子强调了善、恶不是人的天性,而是跟后天的习染有关的东西。据此,告子提出了性无善无恶的人性论,认为善恶是由后天的环境和教育因素造成的。他还用木材做成器皿这件事情作比喻来进一步说明他的观点:"性犹杞柳也;义犹桮棬也;以人性为仁义,犹以杞柳为桮棬。"(《孟子·告子章句上》)

4.孟子的人性论。孟子明确提出了人性本善的学说。所以,他针对上文所及的告子的观点反驳说:"子能顺杞柳之性而以为桮棬乎? 将戕贼杞柳而后以为桮棬也? 如将戕杞柳而以为桮棬,则亦将戕贼人以为仁义与? 率天下之人而祸仁义者,必子之言夫!"(《孟子·告子章句上》)并在此基础上提出:"形色,天性也,惟圣人然后可以践形。"(《孟子·尽心章句上》)形色,是指形体容色,意思是说,有人的形色就应该尽人之性,若不能,便算不得是真正的人,究其主要原因就是因为他未能"践形"。孟子所谓"践形"应有以下两层意思:其一,他把人之所以为人的仁义之性,具体而充分地表现于形色动静之间。所以,践形就是尽性,像孔子教颜回"视、听、言、动"合乎礼,这就是践形。孟子所谓"君子所性,仁义礼智根于心。其生色也睟然,见于面,盎于背,施于四体,四体不言而喻"(《孟子·尽心章句上》),也同样是践形的意思。其二,把五官四肢所潜藏的功能,淋漓尽致地发挥出来,从而能在行动上有所建树。因此,从根本上来说,"践形"工夫人人皆备,却不是人人都能发挥到极致,只有圣人才能"从心所欲不逾矩"(《论语·为政第二》)。说得通俗一点就是,只有圣人才可以把人之为人应该有的样子充分地展现出来,做一个真正意义上的人。后来,南宋著名的理学家朱熹所谓的"形色即是天性,非离形色别有天性"①的观点就是对孟子这个观点的进一步发挥,所以,孟子的人性论是一种性善论。在孟子看来,人性之所以是善的,是因为人生来就是具有天赋的"善端",也就是"仁、义、礼、智"这"四端",它们是与生俱来的,就像人人都具有四体一样。假如人能不断地培养其善端,扩充其善性,那么,最终一定能达到"尽心""知性""知天""事天"的完满境界。

5. 道家的人性论。先秦时期的道家学派主要持自然人性论的观点,老子从"道法自然"的观点出发,认为大道本来是完满自足的,只是因为人的各种欲望,从而失落了大道,所以,老子认为:"大道废,有仁义,智慧出,有大伪"(《老子第十八章》)、"失道而后德,失德而后仁,六亲不和,有孝慈"(《老子第三十八章》),主张"见素抱朴,少私寡欲"(《老子第十九章》),从而回归到自然本性完满自足的状态。在老子看来,社会最理想的状态就是使人回到原始的朴素状态之中去。庄子则认为人的本性是"性命之情",人人顺性命之情而产生的活动,是不受外物所羁绊的,从而达到一种"无己""无待""无功""无名"的"至人""神人"的境界,从而达到"与天地精神往来"(《庄子·天下》)的逍遥游的境界。所以,在庄子看来,"性者,生之质也"(《庄子·庚桑楚》)。即人的本性是人生的自然素质,是非善非恶的。

6. 荀子的人性论。先秦时期,儒家思想的集大成者荀子是明确持"性恶论"观点的思想家,他认为人生来是恶的,只有通过后天的教育才可以使人向善,所以"性恶"与"化性起伪"就成了荀子人性论的两个主要观点,荀子所讲的性,是指人与生俱来的原始质朴的自然属性,"伪"指人为,"仁义礼智"等道德观念都是在后天由人为加工出来的,人只有通过后天的礼仪教化,才能够由恶向善,即荀子所认为的"化性起伪"。"人之性恶,其善者伪也"(《荀子·性恶》),这是荀子"性恶论"的核心观点。

7. 韩非的人性论。法家的代表人物韩非认为,人性的要求就是追逐名和利,因此,人与人之间的关系就是一种利害关系,所以,其人性论的主张也是倾向于"性恶论"的。

作为西汉初期著名的思想家,贾谊的人性论主要继承了儒家学派的创始人孔子的观点,并在此基础上结合自己的"道"本体论思想,进行了一定的理论发挥。贾谊首先认为人性是相近的;其次认为环境对人的影响是非常大的,所以,一定要注意为受教育者创设一个良好的教育环境。

我们首先来分析他的第一个观点,即人性相近的观点。王兴国教授认

---

① 朱熹:《朱子全书》第 21 册,上海:上海古籍出版社;合肥:安徽教育出版社 2002 年版,第 1294 页。

为："贾谊论性，上承孔子的人性论。"①并且认为是借用了孔子"性相近，习相远也"（《论语·阳货》）的观点，我也认同这个观点，因为在贾谊的文本中，几次提到秦朝二世而亡与辅佐秦二世的赵高对其引导不当有密切的关系：

> 及秦而不然，其俗固非贵辞让也，所上者告讦也；固非贵礼义也，所上者刑罚也。使赵高傅胡亥而教之狱，所习者非斩劓人，则夷人之三族也。故今日即位，明日射人。忠谏者谓之诽谤，深为之计者谓之妖言。其视杀人若艾草菅然，岂胡亥之性恶哉？其所以习道之者，非理故也。（《保傅》）

言下之意就是说，假如辅佐秦二世的不是赵高，而是另一个贤相，那么，秦朝也许不会这么快就灭亡，这同时也明确表达了贾谊认为人的可塑性很强的这一观点，即人性是相近的，但人所处的环境对人的影响是很大的。

> 殷为天子，二十余世，而周受之。周为天子，三十余世，而秦受之。秦为天子，二世而亡。人性非甚相远也，何殷、周之君有道之长，而秦无道之暴也？其故可知也。（《保傅》）

王兴国教授接着引用了贾谊《道德说》一文中的贾谊对"德有六理，道、德、性、神、明、命"的相关描述来说明贾谊关于性相近的观点：

> 性者，道德造物。物有形，而道德之神专而为一气，明其润益厚矣。浊而胶相连，在物之中，为物莫生，气皆集焉，故谓之性。性，神气之所会也。性立，则神气晓晓然发而通行于外矣，与外物之感相应，故曰"润厚而胶谓之性"，"性生气，通之以晓"。（《道德说》）

王兴国教授因此认为，"贾谊把事物的'性'说成是'与外物之感相应'的东西，这是有道理的。因为物之'性'固然是内在的东西，但是这种'性'要反映出来并且被人们认识，就非得通过该物与他物相互作用不可。例如，我们要知道某物是否有胶性，就要试一试它是否能胶着某种东西。贾谊说的'润厚而胶谓之性'，正是为了形象地说明性是某物与外物之感应所反映的特点

---

① 王兴国：《贾谊评传》，南京大学出版社 2006 年版，第 243 页。

和功能"①。在此,王兴国教授只是把"性"看成是"某物与外物之感应所反映的特点和功能",而并没有看到其根本性的东西,对于这个观点,我并不认同,我认为这正是贾谊在继承孔子"性相近,习相远也"观点的基础上,再结合自己的"道"本体论思想所作出的对人性论加以进一步发挥和发展的地方。从贾谊的这个观点中,我们可以看到,他除了认同"性相近"这个孔子的观点之外,更进一步指出,人性有容易向善的一面,这是因为,在贾谊看来,"性者,道德造物"(《道德说》),而在贾谊的"道"本体论思想中,道、德都是带有完满性的从形而上到形而下的两个概念,在贾谊的《道术》篇中明确提到:

> 曰:"数闻道之名矣,而未知其实也。请问道者何谓也?"对曰:"道者,所从接物也。其本者谓之虚,其末者谓之术。虚者,言其精微也,平素而无设施也。术也者,所从制物也,动静之数也。凡此皆道也。"(《道术》)

在贾谊的观念里,"道"除了有"所从制物"的"术"这层意思之外,还同时具有另一层意思,即"言其精微"的"虚"这层意思,将这两者有机地结合起来,就活脱脱地将"道"的完满性整体呈现出来了,所以,在《道术》篇的最后,贾谊列举了"术之接物何如?"与"品善之体何如?"的许多内容,包括"人主仁而境内和矣,……人主义而境内理矣"以及"亲爱利子谓之慈,……子爱利亲谓之孝"等观点,并在文中最后下结论说,"夫道之详,不可胜述也"以及"善之体也,所谓道也"。由此可见,作为道德造物的"性",其本然状态应该是个完满的东西,或者说应该是可以通过努力变得很完满的一个东西。既然人性有容易向善的一面,那么,如果加强后天的教育,就有助于塑造完美的人性,这个观点体现了贾谊的人性论是对孔子人性论思想的继承和发展,即由"性相近"发展到"性向善",如此,若后天教育得当,能培养出众多优秀的人才。

关于贾谊人性论的第二个观点,即环境能对人产生很大影响的问题,我们可以从贾谊的《连语》篇中找到相关的依据:

> 抑臣又窃闻之曰:"有上主者,有中主者,有下主者。上主者,可引而上,不可引而下;下主者,可以引而下,不可引而上;中主者,可引而上,可引而下。"故上主者,尧舜是也。夏禹契后稷,与之为善则行;鲧欢

---

① 王兴国:《贾谊评传》,南京大学出版社2006年版,第246页。

兜,欲引而为恶则诛。故可与为善,而不可与为恶。下主者,桀纣是也。推侈恶来,进与为恶则行,比干龙逢,欲引而为善,则诛。故可与为恶,而不可与为善。所谓中主者,齐桓公是也。得管仲隰朋,则九合诸侯;竖貂子牙,则饿死胡官,虫流而不得葬。故材性乃上主也,贤人必合,而不肖人必离,国家必治无可忧者也。若材性下主也,邪人必合,贤正必远,坐而须亡耳,又不可胜忧矣。故其可忧者,唯中主尔。又似练丝,染之蓝则青,染之缁则黑。得善佐则存,不得善佐则亡。此其不可不忧者耳。诗云:"芃芃棫朴,薪之槱之,济济辟王,左右趋之。"此言左右日以善趋也,故臣窃以为练左右急也。

在此段文字中,我们首先要对"主"这个概念来一个明确的界定,在此处应该理解为在某个特定范围内的最高统治者的意思,如尧、舜、禹、夏桀、商纣王等等,其次,我认为,在这段文字中,贾谊主要表达了以下两层意思,其一,人性可以分为上、中、下三等,且任用上主与下主治国必然会带来截然相反的结果,并且通过具体的实例来加以说明,从这里又可以明显看出贾谊的人性论与孟子的人性论的区别,因为孟子认为,人都是有善端的,有先天的良知良能,因而"人皆可以为尧舜",但贾谊认为,"若材性下主也,邪人必合,贤正必远,坐而须亡耳",也就是说,在贾谊看来,材性下主者几乎是无药可救的,故"不可胜忧矣",不过在这里,我们同时应该看到贾谊观点中过于绝对化的一面,即认为"材性上主,贤人必合,国家必治",这从某种程度上来说有圣人史观的倾向,似乎完全否定了后天教育的必要性。

其二,贾谊认为,"材性中主者最可忧",因为既可以引而上,又可以引而下,所以特别强调了"练左右急"这个观点。即强调一定要为中主创设一个良好的外部教育环境,要使贤人聚集在中主的周围,这样可以把中主引导成为上主,从而更好地治国安邦。

仔细探讨贾谊的人性论,有助于我们更好地把握贾谊的教育思想,特别是贾谊何以如此高度强调一定要为太子创设一个良好的教育环境,以至于非常努力地从各个方面都考虑得细致入微,因为,在贾谊看来,良好的教育环境对人的健康成长真的非常重要。并进一步认识到贾谊之所以如此认真地考虑这个问题,是其强烈的社会责任感所驱使,以及其优秀人格的一种体现。同时也让我们从"重视为太子营造一个良好的教育环境"这个特殊事件中看到"重视为受教育者创设一个良好的教育环境"的普遍意义。

### 二、教育与政治的关系

贾谊认为,教育与政治有密切的关系,这一方面体现在他高度重视对太子的教育问题上,因为太子是君主的未来接班人,教育好太子意味着可以更好地实现国家的长治久安;另一方面,体现在贾谊重视对"民"的道德教化上,因为贾谊认为,人民是国家的根本,所以,对人民进行良好的道德教化,有助于政局的稳定。在贾谊看来,国以民为安危和存亡,国家的盛衰"非粹在天也,必在国民"(《大政上》)。秦朝统治者残暴无度,法令严酷,废礼义教化,老百姓与统治阶级产生严重的对立情绪,统治阶级大兴土木,奢侈腐化,老百姓赋役繁重,民不聊生,终于导致了陈胜、吴广和刘邦、项羽领导的秦末农民大起义,结果秦朝只存在了短短的十几年就灭亡了。汉初统治阶级为了吸取秦朝亡于暴政的教训,以轻徭薄赋、清净无为的黄老道家的那套思想来治理国家,虽然,老百姓的负担是减轻了,但是由于对他们太放任自流,结果老百姓犯上的情况屡有发生,给汉朝统治的稳固带来了威胁。可见"极左"和"极右"都不是什么治国的良方,也就是说单纯用法家的"法治"或黄老道家的"无为之治"之策都不能彻底治理好国家。在贾谊看来,这其中最主要的原因是秦朝与汉初的统治政策都忽视了一个非常重要的问题,即对老百姓进行道德教化,正因为失却道德教化,所以老百姓没有把自己的命运与朝廷的命运结合在一起,只是凭借惯性思维,把自己看成是统治阶级的对立面,双方的关系近乎敌对,在这样的情况下,想要实现国家的长治久安几乎是不可能的。所以,贾谊才特别强调了对老百姓道德教化的重要性,只有这样才能"使民日迁善远罪而不自知"(《治安策》),即老百姓由于受到道德教化而远离违法犯罪,从而起到"虽有不省民,化而则之"(《治安策》)的作用,这就足见道德教化对稳固统治所能发挥的作用了。也正因为如此,贾谊才提出了"夫民者,诸侯之本也;教者,政之本也;道者,教之本也。有道然后教也,有教然后政治也,政治然后民劝之,民劝之然后国丰富也。故国丰且富,然后君乐也,忠臣之功也。臣之忠者,君之明也。臣忠君明,此之谓政之纲也"(《大政下》)的观点,这是一种极其理想的和谐社会境界!这突显了贾谊带有理想色彩的政治智慧,他不仅道明了教育与政治的关系,即"教者,政之本也",也就是说,教育是政治的根本;同时也道明了教育的根本内容是"道",这实际上已经从根本上把握了教育的实质。正如《大学》所言:"大学之道,在明明德,在亲民,在止于至善"(《礼记·大学》);即教育的目的是趋民向善,"道者,教之本也",即教育的根本是为了使人达道,这应该是教育的最高境界,它将直接有助于良好的社会政治局面的建立,即"有教然后政治也”。这其实是贾谊“道”本体论观念下的政治哲学思想在教育上的直接体现。

## 三、在教育思想的丰富内容中突出强调要注重“礼”教

关于贾谊所提出的教育内容问题，后面将专门论述，在此需要特别指出的是在贾谊的好几篇文章中都强调了学“礼”以教化的重要性，如他的《礼》《治安策》《制不定》等文中都有所论及。这说明贾谊把“礼”作为教育的一个特别重要的内容来看待，而其最主要的作用就是教化风俗。所谓“教化”就是教而化之的意思，指用教育、感化的方法改变人心、风俗，即我们今天所说的社会教育，也就是通过教育，使受教育者不断地完善自己，以最终达成教育的目的，促成社会和谐。所以，贾谊高度肯定了“礼”的社会价值，在他写的《过秦论》中，他把秦朝二世而亡的原因归结为是“仁心不施，而攻守之势异也”(《过秦上》)。“仁心不施”的表现是“众掩寡，知欺愚，勇劫惧，壮凌衰，攻击夺者为贤，贵人善突盗者为忻，诸侯设谄而相饬，设輹而相绍者为知，天下乱至矣”(《时变》)，没有一个共同的价值观，没有任何判断是非的标准，当然会造成社会秩序的混乱。“商君违礼义，弃伦理，并心于进取，行之二岁，秦俗日败。”(《时变》)违礼义，弃伦理，最终导致国家的灭亡。总体而言，“失礼”是导致秦朝灭亡的重要原因。这同时也从反面证明了在治理国家的时候“礼治”优于“法治”的道理，贾谊认为：

> 凡人之智，能见已然，不能见将然。夫礼者禁于将然之前，而法者禁于已然之后，是故法之所用易见，而礼之所为生难知也。(《治安策》)

“礼治”的功效是能事前预防，“禁于将然之前”，而“法治”的功效是“禁于已然之后”，起到事后惩罚的作用。从表面上看，似乎是“法治”的作用大于“礼治”的作用，而事实上恰恰相反，“法治”的作用仅仅是使百姓不敢为非，而“礼治”的作用则是使百姓从根本上不想“为非”，这样就可以从根本上改善社会风气。于是，贾谊得出了下面这个非常重要的结论：“以礼义治之者积礼义，以刑罚治之者积刑罚；刑罚积而民怨背，礼义积而民和亲”(《治安策》)，还有，“道之以德教者，德教洽而民气乐；驱之以法令者，法令极而民风哀”(《治安策》)。这就让我们看到了“法治”与“礼治”的本质区别。所以，贾谊极力主张以“礼”治国，而当时西汉的社会现实也确实提醒统治者找到合适的治国良方，贾谊建议汉文帝“改正朔，易服色制度，定官名，兴礼乐”(《治安策》)，并特别强调要以“礼”治国。这些在前文中已有所论及，贾谊认为：

> 道德仁义，非礼不成；教训正俗，非礼不备；分争辨讼，非礼不决；君
> 臣、上下、父子、兄弟，非礼不定；宦学事师，非礼不亲；班朝治军、莅官行
> 法，非礼威严不行；祷祠祭祀、供给鬼神，非礼不诚不庄。是以君子恭
> 敬、撙节、退让以明礼。(《礼》)

在治理国家的过程中，"礼"的适用范围是极其广泛的，而其作用也是显而易
见的：

> 礼者，所以固国家，定社稷，使君无失其民者也。主主臣臣，礼之正
> 也；威德在君，礼之分也；尊卑大小，强弱有位，礼之数也。(《礼》)

总之，"礼"从根本上稳定了一个国家的社会秩序，从根本上使老百姓得到教
化，这是最好的治道。当然，贾谊也不是要完全否定"法治"的价值，在社会
剧烈动荡的时候，用"法治"来稳定社会秩序也是非常有必要的，要注意因势
而变。

> 屠牛坦一朝解十二牛，而芒刃不顿者，所排击所剥割皆象理也。然
> 至髋髀之所，非斤则斧矣。仁义恩厚，此人主之芒刃也；权势法制，此人
> 主之斤斧也。势已定权已足矣，乃以仁义恩厚因而泽之，故德布而天下
> 有慕志。(《制不定》)

也就是说，在"势已定，权已足"的前提下，就应该对老百姓施以"仁义恩厚"，
这更有利于国家的长治久安，但假如国家出现了动荡，譬如诸侯国伺机叛
乱，这个时候就应当果断地动用权势法制来平定叛乱，决不姑息养奸。所
以，在治理国家的过程中，贾谊其实是主张德法并用的，只不过在这两者之
中，他更强调了"礼治"的重要性和先在性，因为这才是最根本的，而"礼治"
的实现有赖于对老百姓进行"礼教"，这是一种更具广泛意义的善的教育，也
只有如此，也才能真正实现和谐的"大一统"的理想社会。

### 四、注重对太子的教育

在贾谊的哲学思想中特别提到：万物皆禀"道"而有"德"，然而，在"阴
阳、天地、人"之德中，贾谊又特别强调了人德的重要性，并对此进行了详尽
的论述，在他的《道德说》一文的开篇就说："诸生者，皆生于德之所生；而能
象人德者，独玉也。"贾谊以玉的完满性来比喻人德的完满性，然而，人德的

完满性不是轻而易举能够实现的，其实，贾谊强调人德的重要性，从某种程度上来说就是强调了君主或圣人的重要性，因为，从理论上来说，只有君主或圣人才是具备了最高德行的人，也只有依赖他们才能教化万民，将国家治理好。这个观点体现在贾谊的教育思想上，就是一定要注意培养好君主的接班人，也就是说，一定要教育好太子，"天下之命，县于太子"（《保傅》）。那么如何教育好太子呢？

> 太子之善，在于蚤谕教与选左右。心未滥而先谕教，则化易成也。夫开于道术，知义之指，则教之功也。（《保傅》）

正是因为贾谊能从本体论的角度来看待教育这个治国过程中的重要环节，让我们看到了贾谊教育思想的独特视角：教育好太子将直接有助于实现国家的长治久安。

贾谊认为通过对太子进行良好的教育就可以培养出贤明的君主来，由贤明的君主来治理国家，就能确保国泰民安，这足可见太子教育的重要性，那么，如何才能教育好太子呢？贾谊认为一定要注意做好以下四个环节：其一，要注重早期教育；其二，要注重为太子选择优秀的老师；其三，注重为太子的成长创设一个良好的环境；其四，要注意勤学。其实，这四个环节是带有普适性的，不仅仅在教育太子的时候要重视这四个方面，在条件许可的范围之内，对所有人的教育都同样要注重这四个方面，所以，我认为，贾谊的这个"如何进行教育"的观点是带有普遍意义的。有些学者就因为贾谊的教育思想是针对太子进行精英教育，从而以此来强调贾谊教育思想的局限性，我认为这是失之偏颇的，只要稍加领会，我们就能认识到贾谊教育思想的普遍意义所在。下面将对这四个方面稍加论述。

（一）贾谊有关早期教育的一些理论

首先是早期教育的时间问题，贾谊认为：

> 天下之命，县于太子。太子之善，在于蚤谕教与选左右。心未滥而先谕教，则化易成也。夫开于道术，知义之指，则教之功也。（《保傅》）

"心未滥而先谕教"，就意味着对一个人进行教育的时间应该是越早越好，让其心所能习染的都是良好的东西，借用当代一句流行的用语就是要仅可能地向受教育者灌输正能量，既然对受教育者进行教育的时间是越早越好，那么"胎教"问题就自然被提到了议事日程上来,而且,贾谊对此是推崇备至的:"胎教之道,书之玉版,藏之金柜,置之宗庙,以为后世戒。"(《胎教》)王兴国教授曾经说过:"从现存文献来看,贾谊是在中国教育史上最早提出胎教的人"①,"《大戴礼记》中有关胎教的内容,不过是贾谊《胎教》一文的移植,刘向《列女传母仪》中论胎教亦是承袭了贾谊的思想"②。贾谊强调:

> 《易》曰:"正其本而万物理,失之毫厘,差以千里,故君子慎始。"《春秋》之元,《诗》之《关雎》,《礼》之冠婚,《易》之乾坤,皆慎始敬终云尔。素成,谨为子孙婚妻嫁女,必择孝悌世世有行义者,如是则其子孙慈孝,不敢淫暴,党无不善,三族辅之。故凤凰生而有仁义之意,虎狼生而有贪戾之心,两者不等,各以其母。(《胎教》)

在此,贾谊提出了慎始才能敬终的观点,确实,良好的开端是成功的一半,凡事从源头上开始重视是非常必要的。《论语》中有一段子夏与孔子有关素质教育的一段对话:"子夏问曰:巧笑倩兮,美目盼兮,素以为绚兮。何谓也?子曰:绘事后素。曰:礼后乎?子曰:起予者商也,始可与言诗已矣!"(《论语·八佾》)所谓绘事后素,按朱熹的理解是指"人有美质,然后可加文饰"③,也就是说,人得先有良好的质地,才能进行锦上添花的加工。一个孩子,在开始孕育的时候,就应该想方设法地让其成为优良品种,所以,从贾谊对早期教育的时间的考虑上,我觉得,他不止强调了胎教的问题,甚至把时间更是向前推进到了为未来的孩子选择母亲,甚至还包括要注意考察母亲所在的家族的教养问题,即贾谊所谓的"必择孝悌世世有行义者,如是则其子孙慈孝,不敢淫暴,党无不善,三族辅之"(《胎教》),这种超前教育的理念是非常具有前瞻性,也是难能可贵的,因为,如果世世代代注意这个问题,就会形成一种良性循环,在不断培养优良品种的同时,实际上已经潜移默化地提高了人类的整体素质。

其次,是早期教育的主要内容问题。既然贾谊强调在婴儿未出生前就要进行胎教,而胎教显然主要是针对孕妇而言的,所以,他认为孕妇对胎儿的影响很大,等妇女有了身孕之后,就应该格外地注意自己的言行举止,他列举了周妃后妊成王的事例加以说明:

---

① 王兴国:《贾谊评传》,南京大学出版社 2006 年版,第 263 页。
② 王兴国:《贾谊评传》,南京大学出版社 2006 年版,第 264 页。
③ 朱熹:《四书章句集注》,岳麓书社 2008 年版,第 90 页。

> 周妃后妊成王于身,立而不跛,坐而不差,笑而不喧,独处不倨,虽
> 怒不骂,胎教之谓也。(《胎教》)

现代医学研究认为,胎儿在母体中确实在味觉、听觉、视觉等方面有不同程
度的感知能力。新西兰科学家艾伯特利莱发现胎儿在 4 个月左右时已有味
觉。他在一位孕妇羊水中注入糖精,发现胎宝宝以高于正常一倍速度吸入
羊水。而如果在羊水中注入一种味道不好的油,他就会立即停止吸入羊水,
并开始在腹内乱动。来自日本的研究表明:到妊娠 6 个月的时候,随着胎儿
逐渐长大,已经能够听到来自母体外的声音。无独有偶,英国研究人员也发
现,妊娠 30 周后,胎儿对外界声音有明显反应,一听到音乐,胎儿心率就会
增加,而且随着妊娠月数的增加,胎儿对 80 分贝或更高的声音有明显的反
应,而我们讲话的声音一般是在 70 分贝左右。七个月大的胎儿对光线有所
感觉,有实验表明,在 9 个月时,如果对母亲的腹部照射强光,胎儿就会闭住
眼睛,或者将脸转过去。因而孕妇如果在怀孕期间能注意自己的饮食起居,
确实能对胎儿起到一种良好的引导作用。

随着孩子的慢慢长大,所要接受的教育内容就更丰富了,贾谊《傅职》一
文的开篇详细介绍了太子应该接受的教育内容:

> 或称《春秋》,而为之耸善而抑恶,以革劝其心。教之《礼》,使知上
> 下之则;或为之称《诗》,而广道显德,以驯明其志。教之《乐》,以疏其秽
> 而填其浮气。教之语,使明于上世,而知先王之务明德于民也。教之故
> 志,使知废兴者,而戒惧焉。教之任术,使能纪万官之职任,而知治化之
> 仪。教之训典,使知族类疏戚,而隐比驯焉。此所谓学太子以圣人之德
> 者也。(《傅职》)

《贾谊集校注》的编者认为,"文中的'语'似指《书经》一书,《书经》中多古代
帝王的诰语"[1]。如果认同这个观点的话,那么,贾谊认为,对太子进行教育
的重要内容之一就是五经,即《诗》《书》《礼》《乐》《春秋》,还有就是故志、任
术、训典,以此来"知上下之则""广道显德,以驯明其志""疏秽填浮气""明德
于民""知废兴者而戒惧""纪万官之职任而知治化之仪""知族类疏戚而隐比
驯",而这些都是圣人之德,若能努力学习这些内容,就可以离圣人之德不远

---

① 吴云、李春台:《贾谊集校注》,天津古籍出版社 2010 年版,第 156 页。

了。关于教育的重要内容,贾谊在似此没有提到《易》的内容,但在他的《道德说》一文中是明确强调了《易》的价值的:"易者,察人之精德之理与弗循,而占其吉凶"(《道德说》),所以,在此,我们完全可以理解为贾谊将六经设定为是教育的重要内容之一,关于六经的价值,自古有许多思想大家都给予高度的肯定,马一浮先生就是其中之一,他认为:"当以六经统摄古今一切学术"①,也就是说,六经包含了人类的所有文化与学问,"人生宇宙,人类以及万物都沐浴在'经'的光泽中"②,他同时也把六经称为六艺,认为"'六艺'之道,条理灿然。圣人之知行在是,天下之事理在是;万物之聚散、一心之体用,悉具于是。吾人欲究事物当然之极则,尽自心义理之大全,舍是末由也。圣人用是以为教,吾人依是以为学。教者教此,学者学此。外乎此者,教之所由废,学之所由失也"③。对于六经之价值的褒扬,可以说达到了登峰造极的地步,这同时也告诉我们,将六经作为教育的重要内容之一,确实是后世许多思想家所公认的,这足见贾谊的先见之明。

贾谊还提到了更多有关太子教育的内容:

> 或明惠施以道之忠,明长复以道之信,明度量以道之义,明等级以道之礼,明恭俭以道之孝,明敬戒以道之事,明慈爱以道之仁,明倜雅以道之文,明除害以道之武,明精直以道之罚,明正德以道之赏,明斋肃以道之教,此所谓教太子也。(《傅职》)

对太子道之以"忠""信""义""礼""孝""事""仁""文""武""罚""赏""教"的内容及道理,通过这样的教育,几乎是把太子培养成为一个无所不能的全才,由这样的太子来作为未来的皇位继承人,肯定能把国家治理得井然有序。就某种程度而言,尚处在西汉初期的贾谊,其思想境界已经完全超越了阶级社会这个制度框架的限制,朝着实现最理想的美好社会目标大踏步前进了,"贾谊虽视皇帝为至高无上,只是为了巩固天下的统一,与加强政治秩序及效能。而以皇帝为代表的政治结构,却是集天下贤德之人的共同统治,皇帝反垂拱无为,实际是一种'虚君'的制度。这便把皇权专制,在实质上加以消除了"④。另一方面,也让我们感悟到一个人在成长的过程中"学什么"与

---

① 马一浮:《马一浮全集》,浙江古籍出版社 2013 年版,第 572 页。
② 蒋庆:《儒学的时代价值》,四川人民出版社 2009 年版,第 110 页。
③ 马一浮:《马一浮集》第一册,《泰和宜山会语》,浙江古籍出版社 1996 年版,第 23 页。
④ 徐复观:《两汉思想史》,华东师范大学出版社 2001 年版,第 83 页。

"能成为什么样的人"之间的必然联系,"不问耕耘,只求收获"显然是不现实的,所以"一分耕耘,一分收获",人人如此。这也提醒我们的后人勤学以及注重选择所学内容的重要性,要努力把自己培养成为一个全面发展的人。

(二)关于如何选择优秀教育者的问题

贾谊特别强调,一个人所受教育的好坏直接关系到一个人的前途,而对于太子而言,则甚至会直接关系到国家的存亡。当然,这里的教育是指广义的教育,而并非狭义的读书识字方面的教育,同时还包括做人的道理、处事的方法、为政之道等等。贾谊认为人性不甚相远,但为什么人与人之间会有那么大的差别呢?原因在于后天所受的教育不同。他以殷周两朝的君主和秦二世为例加以说明,殷周两朝的君主从小受到良好的教育,因而长大后成为治国有方的明君,而秦二世胡亥从小所受的教育不当,结果成为恶君,其原因不是因为他本性恶,"岂胡亥之性恶哉,其所以习导之者非理故也"(《保傅》),把原因归咎于"习导之者";他还列举了另外一个事例来继续强调他的这个观点,"夫胡越之人,生而同声,嗜欲不异,及其长而成俗也,累数译而不能相通,行有虽死而不相为者,则教习然也"(《胎教》)。以此来说明教育对人的成长是非常重要的,这同时也就说明了选择优秀的教育者来进行教育是非常重要的。

贾谊对教师的地位有极高的评价,认为除皇帝之外,教师的社会地位应是最高的。他把人分成六等,而把教师的地位放在首位。他说:

> 王者官人有六等:一曰师,二曰友,三曰大臣,四曰左右,五曰侍御,六曰厮役。(《官人》)

并且对师提出了很高的要求:

> 知足以为源泉,行足以为表仪;问焉则应,求焉则得;入人之家足以重人之家,入人之国足以重人之国者,谓之师。(《官人》)

即作为一个合格的师者,必须要有渊博的知识、良好的行为规范,以及高尚的德行。当然,对于辅佐太子的老师,贾谊提出了更高的要求。他认为太子的老师要负责教育太子的各个方面,包括知识、礼义等许多内容,因此必须要由至贤者来充当:

> 左右前后,莫非贤人以辅相之,总威仪以先后之,摄体貌以左右之,制义行以宣翼之,章恭敬以监行之,勤劳以劝之,孝顺以内之,敦笃以固之,忠信以发之,德言以扬之,此所谓顺者也,此傅人之道也,非贤者不能行。(《傅职》)

当然,即便是至贤者,也不可能无所不知,但肯定有某一方面的专长,所以,贾谊提出了作为太子的老师要各有分工、各司其责的主张。他把太子的老师分工为"三公""三少"。"三公"指太师、太傅、太保;"三少"指少师、少傅、少保。

> 昔者,周成王幼在襁褓之中,召公为太保,周公为太傅,太公为太师。保,保其身体;傅,傅之德义;师,道之教训,三公之职也。于是为置三少,皆上大夫也。曰少保、少傅、少师,是与太子燕者也。故孩提有识,三公三少固明孝仁礼义以道习之,逐去邪人,不使见恶行。于是皆选天下之端士孝悌博闻有道术者,以卫翼之,使与太子居处出入。故太子初生而见正事,闻正言,行正道,左右前后皆正人也。习与正人居之不能无正也。(《保傅》)

也就是说,假如"三公""三少"都尽到了自己的职责,就能够把太子培养成一个近乎完美的皇位继承人,而一旦达不到这个要求,那一定是"三公""三少"在教育太子的过程中某一个环节出了问题,所以,贾谊认为:

> 天子不谕于先圣人之德,不知君国畜民之道,不见礼义之正,不察应事之理,不博古之典传,不闲于威仪之数,诗书礼乐无经,天子学业之不法,凡此其属太师之任也。(《傅职》)

如果太子(未来的天子)在以上提到的这些环节出了问题,就应该把责任归咎于太师,同时也非常详细地交代了太师职责的具体内容:

> 天子不恩于亲戚,不惠于庶民,无礼于大臣,不忠于刑狱,无经于百官,不哀于丧,不敬于祭,不诚于戎事,不信于诸侯,不诚于赏罚,不厚于德,不强于行,赐予侈于左右近臣,授于疏远卑贱,不能惩忿忘欲,大行大礼大义大道,不从太师之教,凡此其属太傅之任也。(《傅职》)

如果太子在这些环节出了问题,那就应该把责任归咎于太傅,同时也非常详细地交代了太傅职责的具体内容:

> 天子处位不端,受业不敬,教诲讽诵诗书礼乐之不经不法不古,言语不序,音声不中律,将学趋让进退即席不以礼,登降揖让无容,视瞻俯仰周旋无节,妄咳唾数顾趋行,色不比顺,隐琴肆瑟,凡此其属太保之任也。(《傅职》)

如果太子在这些环节出了问题,那就应该把责任归咎于太保,同时也非常详细地交代了太保的职责具体有哪些;在贾谊的《傅职》一文中,同样非常详细地向我们交代了"三少"的职责有哪些,依次主要包括要使太子好学知礼;教太子小行、小礼、小义、小道;负责太子的日常生活起居等等,在此不一一赘述,除了"三公""三少"之外,还有"诏公""太史"来分别负责对太子进行礼乐、声律、历史、祭礼等的教育。我认为,贾谊能够如此不厌其烦地对"三公""三少"的职责进行如此具体而明确的分工,足见其深思熟虑的处事之道,以及对西汉王朝的忠心耿耿,这种品德是难能可贵的。爱之深,则责之切,在贾谊任梁怀王太傅期间,可谓是尽忠尽责,可是,一个偶然的意外,梁怀王堕马死了,于是,贾谊就把这件事看作是自己的一种不可饶恕的严重失职行为。据《史记》记载:"贾生自伤为傅无状,哭泣岁余,亦死。"[1]我们虽然无法确切考证贾谊的最终死因,但至少可以因此记载来感受到贾谊的自责之情,与其从《史记》的此条记载中看出贾谊的悲观主义情结,倒不如从中看出贾谊强烈的历史与社会责任感,更有价值。

(三)为太子的成长创设一个良好的教育环境

贾谊认为,环境对儿童的成长是非常重要的,这直接关系到他日后能否成为栋梁之材:

> 故太子初生而见正事,闻正言,行正道,左右前后皆正人也。习与正人居之不能无正也,犹生长于齐之不能不齐言也;习与不正人居之不能无不正也,犹生长于楚之不能不楚言也。(《保傅》)

"见正事,闻正言,行正道,左右前后皆正人",这都在说明一定要为受教育者

---

① 司马迁:《史记·屈原贾生列传》卷84,中华书局2011年版,第2201页。

创设一个良好的教育环境,远离那些不良的、消极的因素。"习与正人居之不能无正也,犹生长于齐之不能不齐言也",这其实是强调了一种榜样的力量,与"近朱者赤,近墨者黑"是一个道理,所以,要千方百计地让太子近朱而远离墨:

> 左右前后,莫非贤人以辅相之,总威仪以先后之,摄体貌以左右之,制义行以宣翼之,章恭敬以监行之,勤劳以劝之,孝顺以内之,敦笃以固之,忠信以发之,德言以扬之。(《傅职》)

周围的人在一言一行、一举一动上都要为太子树立榜样,在贾谊的《保傅》一文中,也同样强调了要为太子创设一个良好的周边环境的问题:

> 故孩提有识,三公三少固明孝仁礼义以道习之,逐去邪人,不使见恶行。于是皆选天下之端士孝悌博闻有道术者,以卫翼之,使与太子居处出入。故太子初生而见正事,闻正言,行正道,左右前后皆正人也。(《保傅》)

总之,要想方设法为太子创造一个良好的教育环境,这直接关系到国家的未来。当然,贾谊提出这个主张也是借鉴了前人的经验:

> 古之王者,太子初生,固举以礼,使士负之,有司斋肃端冕,见之南郊,见于天也。过阙则下,过庙则趋,孝子之道也。故自为赤子,而教固已行矣。昔者,周成王幼在襁褓之中,召公为太保,周公为太傅,太公为太师。保,保其身体;傅,傅之德义;师,道之教训,三公之职也。于是为置三少,皆上大夫也。曰少保、少傅、少师,是与太子燕者也。(《保傅》)

周朝在历史上经历了八百年之久,之所以能够如此长久,与重视对太子的教育有很重要的关系,贾谊在《保傅》一文中开篇就说:

> 殷为天子,二十余世,而周受之。周为天子,三十余世,而秦受之。秦为天子,二世而亡。人性非甚相远也,何殷、周之君有道之长,而秦无道之暴也,其故可知也。

这里的"故"就是他在此文后面用了很长的篇幅所述的内容,主要强调的就是重视为太子创设一个良好的教育环境以及要注意教育有方,其最后的结论是:"殷周之所以长久者,其辅翼太子有此具也。"(《保傅》)

于是我们也可以因此推论,秦之所以二世而亡,肯定与不重视对太子的教育,没有为太子创设一个良好的教育环境有很大的关系:

> 及秦而不然,其俗固非贵辞让也,所上者告讦也;固非贵礼义也,所上者刑罚也。使赵高傅胡亥而教之狱,所习者非斩劓人,则夷人之三族也。故今日即位,明日射人,忠谏者谓之诽谤,深为之计者谓之妖言,其视杀人若艾草菅然。岂胡亥之性恶哉?其所以习道之者非理故也。(《保傅》)

秦二世胡亥所面临的教育环境是非贵辞让而重告讦;非贵礼义而重刑罚;辅佐他的又是一个奸臣赵高,怎么可能把胡亥培养成一个治国的栋梁之材呢?所以,贾谊的结论是,秦的二世而亡,其主要原因之一不是胡亥之性恶,而是"其所以习道之者非理故也",这也从一个侧面告诉我们,为太子创设一个良好的教育环境是非常重要的,它甚至直接关系到国家的兴衰成败:

> 天下之命,县于太子;太子之善,在于早谕教与选左右。心未滥而先谕教,则化易成也;夫开于道术,知义之指,则教之功也。若其服习积贯,则左右而已矣。(《保傅》)

这足见良好教育环境的重要性。

### (四)注重勤学

贾谊教育思想中有关劝勉人们勤学的内容似乎提及不多,但就从这仅有的一些内容中,已经能够让我们基本明白贾谊对待勤学的态度了。古时候的学习内容与现在的学习内容相比,还是有比较大的差别的,现在的学习内容强调的是文理并重,而且学习的容量也比过去大很多,增加了许多纯知识性的内容。而古时候的学习内容则更侧重于文的一面,并且特别注重道德领悟和道德实践,学习的过程应该是一个德行渐修的过程,所以,在贾谊的《劝学》一篇中,开篇就强调了舜何以德行高尚的问题:

> 谓门人学者,舜何人也?我何人也?夫启耳目,载心意,从立移徙,

> 与我同性。而舜独有贤圣之名,明君子之实;而我曾无邻里之闻,宽徇
> 之智者,独何与? 然则舜僷佚而加志,我儃儃而弗省耳。(《劝学》)

舜之所以有"贤圣之名,明君子之实",原因在于舜有远大的志向,并且积极
进取,而一般人放纵安逸,又不能自我醒悟,所以,从表面上看,舜与一般的
人相比似乎也没有什么两样,都有视听能力,都能站立行走,都能表达心意,
但其实,两者之间却有巨大的差别,从这个对比中可以看出,一个人拥有远
大的志向并且能积极进取是何等重要,这同时也说明,圣人并不是天生而成
的,是靠后天的努力学习而成就的。所以,"世上无难事,只怕有心人"。贾
谊进一步指出:即便一个人有很好的天赋,也要注重后天的学习,为此,他列
举了一个有关西施的例子加以说明:

> 夫以西施之美,而蒙不洁,则过之者莫不睨而掩鼻。尝试傅白黛
> 黑,榆铗陂,杂芷若,虻虱视,益口笑,佳态佻志,从容为说焉,则虽王公
> 大人,孰能无馀慴养心,而巅一视之。

即便是美女西施,如果把自已搞得蓬头垢面的,谁看到了都会嗤之以鼻的,
但假如她能精心打扮自己,那么,大家都会对她刮目相看,被她的美艳所倾
倒。这个道理用在一般人身上,就是在劝告他们更应该注重后天的学习:
"今以二三子之材,而蒙愚惑之智,予恐过之者有掩鼻之容也"(《劝学》)。所
以,贾谊劝告门人要"学者勉之乎"(《劝学》),即一定要以此来自勉。

贾谊的《劝学》篇总共就四段文字,最后两段文字分别以"昔"和"今"开
头,显然是一种对比的写作手法,大概的意思是说,过去的好学者为了求得
学问之道需要历经千辛万苦,而且在向得道之人请教时态度恭恭敬敬,十分
庄重而虔诚:

> 昔者南荣跦丑圣道之忘乎己,故步陟山川,坌冒楚棘,弥道千余,百
> 舍重茧,而不敢久息。既遇老聃,罷若慈父,雁行避景,夔立蛇进,而后
> 敢问。见教一高言,若饥十日而得大牢焉。(《劝学》)

唯其如此,才能真正达道并成为后世的表率:"是达若天地,行生后世。"(《劝
学》)而现在的人问学的条件已经比过去好多了,不需要像过去那样跋山涉
水去求学问了,可以"亲与巨贤连席而坐,对膝相视,从容谈语,无问不应"

《劝学》）。这是多么来之不易的良好的学习条件啊！真可谓"时难得而易失也"。所以劝勉后学者一定要倍加珍惜，利用好这个机会来修炼自己的德行："学者勉之乎！天禄不重。"贾谊的这个教育思想具有很强的普适性，在当今时代同样适用，足见贾谊的大智慧。

### 五、贾谊教育思想的普遍意义及当代意义

"道者，教之本也"，一句话，道出了教育的根本内容以及教育的终极意义。贾谊的教育思想与他的"道"本体论思想和政治哲学思想是密切联系的。贾谊通过对当时的汉初社会现实进行深度的剖析和深刻的批判，并在此基础上向汉文帝提出了许多政治制度上的合理化建议，并不断地向汉文帝表达他的最高政治理想：君臣和谐、内外和谐（主要指处理好汉族与少数民族的关系）、臣民和谐、民民和谐的大一统的理想的社会政治模式。所以，在贾谊看来，教育与政治有非常密切的关系，一方面，良好的教育有助于政治（即，使政局稳定），另一方面政治（政局稳定）同样有助于为教育创设一个良好的政治和社会环境，有助于教育的发展，两者相辅相成，相得益彰。从这个意义上来说，贾谊在强调一定要注重对太子的教育的同时，肯定也同样重视对老百姓的教育问题，透过贾谊的作品来全面地看待贾谊这个人，很容易从他的个性才情中发现贾谊是一个理想主义者，他总喜欢把一切都想得尽善尽美，也努力想通过自身的努力让一切都变得尽善尽美。所以，贾谊的教育思想不可能仅仅只关注太子的教育问题，正是通过他对待太子教育所强调的一些重要思想，让我们看到这些思想同时具有的普遍意义。所以，上面提到的对太子的教育应该注意的所有环节，包括要注重早期教育、要注重选择优秀的老师、要注重为孩子的成长创设一个良好的教育环境、要注意勤学等等这四方面的内容，在条件许可的范围之内，同样适用于普通人，从这个角度而言，贾谊的教育思想是带有普适性的。

同时，贾谊的教育思想对当今社会也具有极大的理论意义和现实意义。我认为，至少可以从以下六方面来给我们的当代教育事业提供指导和借鉴。

#### 1.要注重处理好教育与政治的密切关系

贾谊高度强调了教育与政治的密切关系，他认为人民是国家的根本，国以民为安危和存亡，国家的盛衰"非粹在天也，必在国民"（《大政上》）。所以，对人民进行良好的道德教化，有助于政局的稳定。在他的《大政下》中将"民""诸侯""教""政""道"的关系论述得非常简洁而透彻，认为：

夫民者，诸侯之本也；教者，政之本也；道者，教之本也。有道然后

教也,有教然后政治也,政治然后民劝之,民劝之然后国丰富也。故国丰且富,然后君乐也,忠臣之功也。臣之忠者,君之明也。臣忠君明,此之谓政之纲也。(《大政下》)

这段话不仅道明了教育与政治的关系,即"教者,政之本也",同时也道明了教育的根本内容是"道",这是从根本上把握了教育的实质。将"道"作为教育的根本内容,这应该是教育的最高境界,它将直接有助于良好的社会政治局面的建立,如此则"有教然后政治也"。

反思当今的教育政策,确实存在诸多有待改进的问题,突出表现在以下几个方面:其一,教育目的出现功利化的倾向,许多国民对于"接受教育的最终目的到底是为了什么"这个问题并没有认真思考过,所以,功利化的倾向比较严重,认为接受教育仅仅是为了获得一份好工作,或者能出人头地等等,很少把自己的个人命运跟国家的命运联系在一起,其接受教育的动力仅限于改变自己的个人命运,这不利于培养出高素质的爱国公民;其二,教育内容忽视德教的倾向比较严重,比较偏向于重知识、重实用,而轻德育、轻教化。贾谊反复强调教育的重要内容之一是"礼",他高度肯定了"礼"的社会价值,认为"礼"可以从根本上稳定一个国家的社会秩序,所以,一定要以"礼"作为对老百姓进行道德教化的主要内容。然而,在当今社会,显然已经或多或少地忽视了这个问题,就拿中小学教育来说,有的学校根本就不开设思想政治课,有的学校即便开设了这门课,也没有把它放到与别的课程同等重要的地位,没有引起足够的重视。这非常不利于从根本上提升国民的道德素质,并最终不利于实现国家的长治久安。

2. 从本体论的高度来认识教育事业的重要性,"道者,教之本也"(《大政下》)。教育的目的是"达道",就个体而言,是为了最大限度地提升个体的综合素质,以"止于至善"(《礼记·大学》),就整个社会整体而言,教育有助于政治,"教者,政之本也"(《大政下》)。即,教育有助于和谐社会的实现。

3. 多注重环境与教育的关系。在贾谊的教育思想中,特别强调了要为太子创设一个良好的教育环境的问题,包括视、听、言、动等诸多方面,他特别彰显"近朱者赤,近墨者黑"的道理。一般情况下,太子当然属于先天条件比较好的人,对先天条件比较好的人都要格外注意环境与教育的关系,那么,对于一般的人而言,就更应该注意这个问题。而当今社会,科技高度发达,信息多元化,资源公开化,很难让人处在一个绝对良性的环境中,这也是需要我们反思和努力去改造的地方。

4.把早期教育与实现人类素质提升的良性循环有机结合起来。贾谊把早期教育的时间不仅仅是定位到有了胎儿之后,而是向前推进到了为未来的孩子选择母亲,甚至还包括要注意考察母亲所在的家族的教养问题,即贾谊所谓的"必择孝悌世世有行义者,如是则其子孙慈孝,不敢淫暴,党无不善,三族辅之"(《胎教》),这种超前教育的理念是非常值得我们后人借鉴的。

5.要重新认识和利用"六经"的价值。贾谊把"六经"作为教育的重要内容之一,这个观点是有其长久的生命力的。关于"六经"的价值问题,我引用了思想大家马一浮先生的观点,认为"六经"条理灿然,无论是圣人之知行还是天下之事理,抑或是万物之聚散、一心之体用都包含在"六经"中,诚然,"经",尤其是儒家经典中的"经",本身就包含了"永恒不变的普遍真理,适应于人类历史的所有阶段与人类生活的所有领域"①的内容,中国文化中永恒普遍的真理都是通过这些历史中逐渐形成的经典体现出来的,离开了这些具体历史文化中特定的"经"或经典,我们就不能了解永恒普遍的真理,也就不能了解中国文化中所体现出来的义理价值与精神,以"六经"为代表的儒家经典包含着非常丰富的内容,几乎囊括了与那个时代有关的宗教学、哲学、政治学、法律学、经济学、伦理学、文学、艺术学、音乐学、仪式学等各方面的内容。可以这样说,这些"'经'是中国历史两千多年来在教育学上最有权威的课本教材,在中国教育史上没有一部课本教材能超过'经'在教育学上的权威性"②。

"六经"的价值如此巨大,有些甚至是可以超越时代而具有永恒性的,那么,读经当然就应该成为当今社会特别是学校教育中必备的一个重要环节,然而,当今社会在读经这件事情上却是问题多多,首先是对读经这件事情本身没有引起足够的重视,其次是所读的"经"在内容的选择上存在参差不齐的现象,从而无法实现读经这件事本身所应有的价值。

从某种意义上来说,从少儿开始,就应该督促他们读经,并且可以适当带有一定的强制性。荀子在《劝学》中说:"木直中绳,糅以为轮,其曲中规,虽有槁暴,不复挺者,糅使之然也。"其中的"糅"就带有强制学习的意思,否则就不能成器,当然,强制学习也要注意把握好度的问题。提倡从少儿时期就开始读经对中国优秀传统文化的复兴非常重要,牟宗三先生曾经说过:"少儿读经是中国文化的储蓄银行"③,当然,国人不重视读经之现状的存在

---

① 蒋庆:《儒学的时代价值》,四川人民出版社 2009 年版,第 106 页。
② 蒋庆:《儒学的时代价值》,四川人民出版社 2009 年版,第 109 页。
③ 转引自蒋庆:《儒学的时代价值》,四川人民出版社 2009 年版,第 114 页。

有其深刻的历史原因,近代以来,中国文化曾经遭到过严重的破坏,"1905年,袁世凯、张之洞等奏请清廷停止科举,自隋以来一千三百年来盛行中国的科举制度被废除,自此士人(读书人)不再读经,经学从此式微"①。到了1912年,即民国元年,"首任教育总长蔡元培颁布了一部教育法:《普通教育暂行办法》,其中规定'小学读经科,一律废止'"②,这导致小学读经制度从此被废除,经典教育从此断绝。而到了五四新文化运动时,经典被当作是封建主义的糟粕而被彻底打倒,提出了"打倒孔家店"的口号,发生在20世纪60年代的"文化大革命"则更是"破四旧、烧古书、批孔子,经典遭到了灭顶之灾"③。众所周知,从人类文明史发展的轨迹来看,一个民族的文化、历史、精神都存在于该民族的经典中,而中华民族的文化、历史、精神存在于以儒家为主导的诸子百家的经典中,一个国家或民族的文化、历史、精神与其在历史长河中所形成的经典是息息相关的。所以,迫切希望我们的政府和相关部门从事关国家和民族命运的高度出发,对读经教育引起足够的重视。

6.注重教师队伍整体素质的提升。贾谊对教师的素质提出了极高的要求,尤其对于太子的教育,要选择最优秀的人来担任,因为太子所受教育的好坏,甚至直接关系到国家的兴亡盛衰。如前所述,贾谊的这个观点其实是带有普遍意义的,当今社会应该努力让更多的受教育者受到更好的教育,所以,要努力选择最优秀的人来担任教师这个职业,这样才能从根本上提高国民的整体素质,但事实上,这方面的工作我们还做得远远不够,这有待我们的政府和全社会引起足够的重视。

贾谊不是一个专职的教育家,但作为一个有抱负有远见的思想家,为了实现国家的长治久安而提出的这些独到的教育见解非常值得后人深思和研究,其价值必将历久弥新。

当然,贾谊教育思想的不足之处也是明显存在的,如,片面重视教育的德育功能而轻视教育的智育功能,但这其实是在中国古代社会所普遍存在的一个通病,甚至可以说是我国传统教育中长期存在的一个缺陷,总是把"道"主要局限于人伦之道,而忽视或轻视了自然之道,如孟子曰:"夏曰校,殷曰序,周曰庠,学则三代共之,皆所以明人伦也。"(《孟子·滕文公上》)《大学》开篇就说:"大学之道,在明明德,在亲民,在止于至善。"古代的官学和私学所传授的基本上都是人伦之道,刚入学的孩子的蒙学读物都是有关人伦

---

① 蒋庆:《儒学的时代价值》,四川人民出版社2009年版,第119页。
② 蒋庆:《儒学的时代价值》,四川人民出版社2009年版,第119页。
③ 蒋庆:《儒学的时代价值》,四川人民出版社2009年版,第120页。

之道的内容,如《三字经》《百家姓》《千字文》等等,孩子们在私塾里读得摇头晃脑,背得津津有味,他们的学问大多也就只能局限在懂得了一些人伦之道,这些传统教育理念导致了中国古代教育长期以来奉行伦理本位思想,从而忽视了自然科学的教育,导致了我国古代在自然科学的发展速度上比较缓慢,以至于后来被西方超越,乃至在近代造成了落后挨打的难堪局面,使中国远远地落在了西方国家的后面。然而,当今社会似乎又从一个极端走向了另一个极端,受到近代落后挨打的影响,有点过于重视自然科学的教育而忽视人伦之道的教育,这是值得我们后人反思和警惕的,两者应该齐头并进,不能偏废。

# 4  贾谊政治哲学思想体系的特点

如果说第三章内容主要论述的是贾谊的政治哲学思想主要思考了什么问题的话,那么,本章所要论述的是贾谊何以会如此思考这些问题,即为什么会产生如此富有特色的政治哲学思想以及其政治哲学思想在其整个思想体系中的地位问题,本章将从贾谊政治哲学思想的理论渊源、本体论依据以及贾谊政治哲学思想在其整个思想体系中所占据的地位问题这三个方面来展开分析。

## 4.1  贾谊政治哲学思想的理论渊源

作为西汉初期优秀的思想家和政论家,贾谊的思想肯定继承了先秦思想家的许多优秀成果,而且,贾谊是一个善于吸收各家优秀思想成果的思想家,并凭借自身优秀的领悟能力加以融会贯通。所以,我不赞成将贾谊的思想归属于某一家,这是不合逻辑的,其实,到了战国后期,随着诸子百家之间相互的争论与思想观点的相互吸收,思想的派别属性已经渐趋模糊,并开始将各家思想的合理成分融合在一起。然而,关于贾谊的思想属性的争论一直是研究贾谊的一个热点问题,比较有代表性的观点有(基本上按时间先后顺序排列):"贾谊有儒家思想,法家思想,同时也有道家思想"[1];贾谊"继承了儒家的传统思想,吸收了法家的法治观点,在情绪消沉的时候也接受过道家的人生观;但他的思想基本上是属于儒家的,只是面对着西汉初期的时代特点,比起早期的儒家来已经有了很大的发展"[2];侯外庐则认为,贾谊的思想是"内法外儒"[3];"贾谊既非纯粹的法家,也非纯粹的儒家,他使两者在一定程度上统一了起来"[4];"贾谊以儒家思想为基础,运用黄老道家的治学方法,广泛吸收百家之学,融会贯通,最终成为以进一步黄老化的荀学为主体

---

[1]  王季星:《贾谊和他的作品》,《东北人民大学学报》1956 年第 4 期。
[2]  阴法鲁、陈铁民:《贾谊思想初探》,《北京大学学报》1962 年第 5 期。
[3]  侯外庐:《中国思想通史》第二卷,人民出版社 1980 年版,第 63 页。
[4]  王兴国:《贾谊评传》,南京大学出版社 2006 年版,第 325 页。

的新型儒学"①,另外还有一些说法,在此不一一列举,我觉得,鉴于贾谊的
思想已经是糅合了各家思想中的有益成分,因此,对其思想再进行派别归类
已经显得不重要了,不过分析其思想哪家的成分占得更多一些倒也无妨,我
始终认为,在贾谊的思想体系中,儒家的成分占得更多一些,但也受到了道
家、法家、墨家等思想的重要影响,"儒家典籍,在贾生思想中,当然占最重要
的地位。《汉书·儒林传》:'汉兴,北平侯张苍,及梁太傅贾谊,京兆尹张敞,
太中大夫刘公子,皆修《春秋左氏传》,谊为《左氏传训诂》',是他对《左氏传》
曾下过一番工夫"②。在此需要强调的是,千万不能把贾谊所强调的"道"简
单地理解为是道家思想体系下的"道",这是不可取的。有学者认为"贾谊早
年不仅深受法家和儒家思想的影响,而且受过道家黄老之学的影响。这种
影响固然在贾谊的著作中有迹可循,如有的学者认为其《道德说》《道术》《六
术》就集中地反映了黄老思想的影响"③,但是我认为贾谊的《道德说》《道
术》《六术》这三篇文章固然包含有某些黄老道家的思想痕迹,但更多的还是
体现了其儒家思想的一面,当然还包含了贾谊本人对各家思想独特的领悟
能力并据此融合各家之后而形成贾谊自己独特的思想,最重要的就是其融
合了儒道两家的"道"概念之后,对"道"概念作了结合自己思考之后的发挥
和创新,并把这个"道"作为其政治哲学思想的本体论依据。因为,贾谊之
"道"既包含了道家之"道"的意蕴,如:他在《道术》一文中提到的"请问虚之
接物何如? 对曰:镜仪而居,无执不藏,美恶必至,各得其当;衡虚无私,平静
而处,轻重必悬,各得其所,清虚而静,令各自命,如鉴之应,如衡之称,此虚
之接物也"(《道术》)。但贾谊之"道"同时又包含了儒家之"道"的意蕴,如:

> 物所道始谓之道,所得以生谓之德。德之有也,以道为本,故曰道
> 者德之本也。德生物,又养物,则物安利矣。安利物者,仁行也。(《道
> 德说》)

> 《书》者,着德之理于竹帛而陈之,令人观焉,以着所从事,故曰:
> "《书》者,此之著者也。"《诗》者,志德之理,而明其指,令人缘之以自成
> 也,故曰:"《诗》者,此之志者也。"《易》者,察人之精德之理与弗循,而占
> 其吉凶,故曰:"《易》者,此之占者也。"《春秋》者,守往事之合德之理与
> 不合,而纪其成败,以为来事师法,故曰:"《春秋》者,此之纪者也。"《礼》

①  马晓欢、庄大均:《贾谊、荀学与黄老》,《山东大学学报》2003 年第 1 期。
②  徐复观:《两汉思想史》卷二,华东师范大学出版社 2001 年版,第 75 页。
③  王兴国:《贾谊评传》,南京大学出版社 2006 年版,第 6 页。

者,体德理而为之节文,成人事,故曰:"《礼》者,此之体者也。"《乐》者,《书》《诗》《易》《春秋》《礼》五者之道备,则合于德矣,合则欢然大乐矣,故曰:"《乐》者,此之乐者也。"人能修德之理,则安利之,谓福。(《道德说》)

一般而言,《诗》《书》《礼》《乐》《易》《春秋》是儒家的经典,虽然《易》同时也是各家思想的源头,如,其"变易"思想就被道家所继承,但总体而言,应该是儒家的经典,所以,我所认为的贾谊以"道"为本的政治哲学思想中的"道"其实是吸纳了儒、道两家以及别家思想的精华之"道"和糅合了贾谊自己对"道"的独特领悟,是自成一体的。我非常赞同《两汉思想史》的作者徐复观先生的观点:"贾生所吸收的诸子百家,非仅供繁征博引以供加强自己论点之资。最难得的是由斟酌取舍而融会贯通,以形成他的政治思想、哲学思想上的独特体系"①,本人一直坚持认为,贾谊的思想是自成一体的,有其独特的体系。关于贾谊思想的理论渊源问题,下面将进一步展开论述。

### 4.1.1　与儒家的关系

《汉书·艺文志》中对儒家的特色是这样评说的:"儒家者流,盖出于司徒之官,助人君顺阴阳明教化者也。游文于六经之中,留意于仁义之际,祖述尧、舜,宪章文武,宗师仲尼,以重其言,于道最为高。"②这段话基本上概括了儒家思想的特色,通览贾谊的作品,"助人君顺阴阳明教化"的内容应该是非常多的,贾谊针对西汉王朝存在的各种各样的社会问题,积极向汉文帝献计献策,对"仁"政的反复强调,从儒家角度对"道"的独特领悟,对"礼"的高度推崇,都可以看到贾谊的思想确实是对先秦儒家思想的继承与发展。具体而言,主要体现在以下两个方面。

1. 贾谊的"礼治"思想主要来自儒家

"礼"是儒家思想的一个重要范畴,也是儒家思想的一大特色所在,儒家思想的创始人孔子就特别推崇周礼,可是在春秋战国时期,随着周天子地位的逐渐衰落,"礼"作为维系这个制度的核心思想被慢慢动摇,出现了"礼崩乐坏"的局面。所以孔子一生的政治理想就是想要恢复周礼,于是他周游列国,颠沛流离,死而无憾。孔子在周礼的基础上创立了一套完整的治国思想体系,并经过孟子、荀子等后人加以逐步完善,在汉武帝时期,采纳了儒生董

---

① 徐复观:《两汉思想史》卷二,华东师范大学出版社 2001 年版,第 75 页。
② 班固:《汉书·艺文志》卷 30,中华书局 1962 年版,第 1728 页。

仲舒"罢黜百家,独尊儒术"的建议,使得儒家思想成了中国封建社会的正统思想,儒学获得了独尊的地位,对中国社会产生了巨大的影响。可以这样说,贾谊思想中的儒家成分起到了架通先秦与汉武帝时期儒学独尊地位的确立之事的桥梁作用,虽然,后人一般都记得董仲舒在儒学独尊地位获得中所作的贡献,但仔细研究贾谊的思想,我们就会发现,贾谊在这方面所作的贡献一点都不亚于董仲舒。更为可贵的是,贾谊对儒家的"礼治"思想进行了理论上的进一步发挥。贾谊特别强调了"礼"的政治规范功能,从政治层面而言,"礼"的功能就是安邦治国,即"固国家,定社稷","礼者,所以固国家,定社稷,使君无失其民者也。主主臣臣,礼之正也;威德在君,礼之分也;尊卑大小强弱有位,礼之数也"。(《礼》)但是,如果"礼"仅仅是一种冷冰冰的上下级关系,那么,也就失去了其本来的意义,所以,贾谊将政治之"礼"建立在伦理基础之上,即,将尊尊建立在亲亲的基础之上,也就是说,要在"忠、孝、敬、柔、慈"这些伦理规范的基础之上,来维系一种良好的社会秩序,这样就自然达到了治国安邦的目的,即,从亲亲自然走向尊尊。所以,贾谊所设定的"礼"的政治规范功能是一个由下而上的自然实现功能。因此,"贾谊把'礼'与政治相结合,使伦理原则与政治原则统一起来,这就把政治的外在强制化为臣民的内在欲求和自觉意识,有利于弥补当时社会政治与宗法社会分离的弊端。甘地曾指出'没有道德观念的政治令人忧虑',儒家思想在此方面的贡献是其他思想所无法企及的,贾谊在这方面的贡献是突出的"①。贾谊的"礼"治思想的最终目的是用来维持社会秩序的,另外,贾谊还强调了君主的个体道德行为的重要性,只有君主有很高的德行,并进而推演到整个社会,从而出现一种上下和恰的理想状态。所以贾谊的"礼"思想不仅仅是上层社会的润滑油,也是上下层社会之间的调节剂,是一种统治方法。②

2.贾谊的"仁爱"思想主要来自儒家

"仁"是儒家思想的核心,儒家强调的是"仁本礼用"。孔子认为"仁"就是"爱人";孟子强调向内心处求"仁爱"。贾谊在继承儒家"仁"的思想的基础上作了进一步的发挥,他特别强调君主一定要有"仁爱"之心,在他的《春秋》篇中列举了几个具备仁德的君主的事例,并进一步说明,正因为君主仁爱,所以赢得百姓的爱戴,从而出现上下和谐的良好局面。

---

① 管丽霞:《贾谊儒学的思想来源》,《广西社会科学》2004 年第 8 期,第 44 页。

② 管丽霞:《贾谊儒学的思想来源》,《广西社会科学》2004 年第 8 期,第 45 页。

### 4.1.2 与道家的关系

关于贾谊思想渊源中的道家情结，则可以从《史记·日者列传》中贾谊与当时的中大夫宋忠一起去拜见卜者司马季主一事中找到相关的依据，所谓"日者"，据褚少孙言："日者之名，有自来矣。吉凶占候，著于墨子。齐楚异法，书亡罕纪。后人斯继，季主独美。取免暴秦，此焉终否。"（《史记·日者列传》）因此，日者主要是指那些占卜之人。而关于司马季主其人，据《史记·日者列传》记载："夫司马季主者，楚贤大夫，游学长安，通《易经》，术黄帝、老子，博闻远见。"（《史记·日者列传》）从这个记载至少可以知道，司马季主是一个擅长黄老之术的人。

虽然此文已经被研究贾谊的学者多次引用，似没有再引的必要，但是一则因为史料中能找到与贾谊日常生活中的行动言语相关的资料实在太少，所以此资料显得十分珍贵；二则是因为此史料对本人研究贾谊的政治哲学思想渊源非常有用，特别是贾谊思想中的道家意蕴，而且本人对此史料在研读的过程中确实有自己的许多想法，所以，还是全盘引用了此史料，并且用在此史料内部直接加入自己的注解内容的方法进行阐述。

> 司马季主者，楚人也。卜于长安东市。宋忠为中大夫，贾谊为博士。

（注：可以确定此次访问司马季主的时间是公元前 179 年，即汉文帝元年，这一年贾谊刚好 22 岁，因为就是在这一年，贾谊因当时的吴廷尉推荐，被汉文帝召以为博士，而且在同年超迁至太中大夫。并据天津出版社出版的由吴云、李春台校注的《贾谊集校注》考证，贾谊的《道德说》《六术》《过秦论》这三篇重要文章大约作于此时，而其中的《道德说》《六术》这两篇文章是本人研究贾谊以"道"为本的政治哲学思想的重要依据，事实上，从《日者列传》后面的描述中，我们可以清楚地看到此文的字里行间显示着对贾谊才华的高度肯定，后面将一一说明本人对此文的理解，用加"注"的方式进行。）

> 同日俱出洗沐，相从论议，诵易先王圣人之道术，究遍人情，相视而叹。

（注：这里体现了贾谊对自身才学的一种高度自我肯定。）

贾谊曰：吾闻古之圣人，不居朝廷，必在卜医之中。今吾已见三公九卿朝士大夫，皆可知矣。试之卜数中以观采。

（注：从此段文字中可以发现，其一，贾谊觉得朝中大臣都是泛泛之辈，没有什么过人之处，甚至表现出某种自负的意味；其二，联系前面文字和此段内容，可以看出，贾谊有圣人情结，这与他之后高度强调对太子的教育并将具体的规则步骤制定得非常细化都是一脉贯通的。在贾谊的观念里，最高统治者就应该是像圣人那样的人，所以应该努力以圣人的标准来衡量自己。）

二人即同舆而之市，游于卜肆中。天新雨，道少人，司马季主间坐，弟子三四人侍，方辩天地之道，日月之运，阴阳吉凶之本。二大夫再拜谒。司马季主视其状貌，如类有知者，即礼之，使弟子延之坐。坐定，司马季主复理前语，分别天地之终始，日月星辰之纪，差次仁义之际，列吉凶之符，语数千言，莫不顺理。

宋忠、贾谊瞿然而悟，猎缨正襟危坐，曰：吾望先生之状，听先生之辞，小子窃观于世，未尝见也。

（注：此处显示了贾谊对司马季主观点的高度赞赏。）

今何居之卑，何行之污？司马季主捧腹大笑曰：观大夫类有道术者，今何言之陋也，何辞之野也！今夫子所贤者何也？所高者谁也？今何以卑污长者？

二君曰：尊官厚禄，世之所高也，贤才处之。今所处非其地，故谓之卑。言不信，行不验，取不当，故谓之污。夫卜筮者，世俗之所贱简也。世皆言曰：夫卜者多言夸严以得人情，虚高人禄命以说人志，擅言祸灾以伤人心，矫言鬼神以尽人财，厚求拜谢以私于己。此吾之所耻，故谓之卑污也。

（注：这里恰好显示了当时读书人的传统观念，认为一个有学问的人就应该到朝廷为官，这是"世之所高"的事情，否则就是大材小用，所以贾谊他们认为司马季主如此有才学却没有去朝廷任职是处在了卑污之地。这个观点

"反映了那种主张积极出世和奋发有为的世界观"①，确实，从这里可以明显看出贾谊的那种儒家入世主义的精神。并且，从这段对话中还可以看出贾谊当时对卜者的看法也完全来自传统的观念。）

> 司马季主曰：公且安坐。公见夫被发童子乎？日月照之则行，不照则止，问之日月疵瑕吉凶，则不能理。由是观之，能知别贤与不肖者寡矣。贤之行也，直道以正谏，三谏不听则退。其誉人也不望其报，恶人也不顾其怨，以便国家利众为务。故官非其任不处也，禄非其功不受也；见人不正，虽贵不敬也；见人有污，虽尊不下也；得不为喜，去不为恨；非其罪也，虽累辱而不愧也。
>
> 今公所谓贤者，皆可为羞矣。卑疵而前，孅趋而言；相引以势，相导以利；比周宾正，以求尊誉，以受公奉；事私利，枉主法，猎农民；以官为威，以法为机，求利逆暴：譬无异于操白刃劫人者也。初试官时，倍力为巧诈，饰虚功执空文以闟主上，用居上为右；试官不让贤陈功，见伪增实，以无为有，以少为多，以求便势尊位；食饮驱驰，从姬歌儿，不顾于亲，犯法害民，虚公家：此夫为盗不操矛弧者也，攻而不用弦刃者也，欺父母未有罪而弑君未伐者也。何以为高贤才乎？
>
> 盗贼发不能禁，夷貊不服不能摄，奸邪起不能塞，官耗乱不能治，四时不和不能调，岁谷不孰不能适。才贤不为，是不忠也；才不贤而托官位，利上奉，妨贤者处，是窃位也；有人者进，有财者礼，是伪也。子独不见鸱枭之与凤皇翔乎？兰芷芎藭弃于广野，蒿萧成林，使君子退而不显众，公等是也。

[注：本文后面提到，贾谊听完司马季主的一番宏论后"忽而自失，芒乎无色，怅然噤口不能言"，虽然可能描述得有点夸张，但是，至少说明了司马季主的话给贾谊带来了很大的震动，并对其政治哲学思想的形成产生了很大的影响，这倒不是说，贾谊因此而选择用道家思想来治理国家，如前所述，贾谊的思想是融合了各家思想并加入了自己的独特见解的，这里指的是，贾谊从中感悟到作为为政者更应该对自己有严格的要求，在贾谊的《礼》篇中对于为政者确实提出了很高的要求："故礼，国有饥人，人主不飧；国有冻人，人主不裘。报囚之日，人主不举乐。岁凶，谷不登，台扉不涂，榭彻干侯，马不食谷，

---

① 王兴国：《贾谊评传》，南京大学出版社 2006 年版，第 7 页。

驰道不除,食减膳,飨祭有阙。"(《礼》)"人臣之道,思善则献之于上,闻善则献之于上,知善则献之于上。夫民者,唯君者有之;为人臣者,助君理之。故夫为人臣者,以富乐民为功,以贫苦民为罪。故君以知贤为明,吏以爱民为忠。故臣忠则君明,此之谓圣王。故官有假,而德无假,位有卑,而义无卑,故位下而义高者,虽卑贵也,位高而义下者,虽贵必穷。"(《大政上》)如果为政者都能这样要求自己,那么,怎么可能会得到如此多的负面评价呢?]

　　述而不作,君子义也。今夫卜者,必法天地,象四时,顺于仁义,分策定卦,旋式正钅,然后言天地之利害,事之成败。昔先王之定国家,必先龟策日月,而后乃敢代;正时日,乃后入家;产子必先占吉凶,后乃有之。自伏羲作八卦,周文王演三百八十四爻而天下治。越王句践放文王八卦以破敌国,霸天下。由是言之,卜筮有何负哉!

　　且夫卜筮者,扫除设坐,正其冠带,然后乃言事,此有礼也。言而鬼神或以飨,忠臣以事其上,孝子以养其亲,慈父以畜其子,此有德者也。而以义置数十百钱,病者或以愈,且死或以生,患或以免,事或以成,嫁子娶妇或以养生:此之为德,岂直数十百钱哉! 此夫老子所谓"上德不德,是以有德"(《老子》第三十八章)。今夫卜筮者利大而谢少,老子之云岂异于是乎?

　　庄子曰:君子内无饥寒之患,外无劫夺之忧,居上而敬,居下不为害,君子之道也。今夫卜筮者之为业也,积之无委聚,藏之不用府库,徙之不用辎车,负装之不重,止而用之无尽索之时。持不尽索之物,游于无穷之世,虽庄氏之行未能增于是也,子何故而云不可卜哉? 天不足西北,星辰西北移;地不足东南,以海为池;日中必移,月满必亏;先王之道,乍存乍亡。公责卜者言必信,不亦惑乎!

[注:对于司马季主的这番言论,确实可以明显看出其思想是来自老庄的许多观点的,如王兴国先生提到:"他对'贤者'的批判,实际上是老子'朝甚除,田甚芜,仓甚虚,服文彩,带利剑,厌饮食,财货有余,是谓盗竽'(《老子》五十三章)观点的引申;他对卜者行为的赞美,则是老子'圣人去甚、去奢、去泰'(《老子》二十九章)思想的发挥。"①我认为这个评价是符合逻辑的,然而对于他后面的评价,我想提出自己的一些看法,王兴国先生认为:"但是,司马

---

① 王兴国:《贾谊评传》,南京大学出版社 2006 年版,第 9 页。

季主的思想显然也有某些儒家的影响,这又是与老子的观点相对立的。例如老子认为'大道废有仁义'(《老子》十八章),'失道而后德,失德而后仁,失仁而后义,失义而后礼。夫礼者,忠信之薄而乱之首'(《老子》三十八章),这显然是把'道'与'仁义'和'礼'对立起来。司马季主则不然,他既讲道,又讲礼和仁义,如'法天地,象四时,顺于仁义','扫除设坐,正其冠带,然后乃言事,此有礼也。'"①对于王兴国先生的这段论述我是比较不赞同的,老子确实持"大道废有仁义,智慧出有大伪""失道而后德,失德而后仁,失仁而后义,失义而后礼"这样的观点,那是因为在老子看来,大道本来就是一个完满自足的东西,它本身就应该包含了"仁、义、礼、智、信"等等的内容,而当人们开始过分强调这些东西的时候恰恰说明是因为人们后天的言行已经失落了大道,已经背离大道越来越远了,老子是从这个角度提醒人们不要背离大道,所以,他才在这个语境里说了下面的话:"绝圣弃智,绝仁弃义,绝学无忧,损之又损,以至于无为。"(《老子》十九章)从中可以看出,老子并不是不要"仁义"和"礼",也并没有把"仁义"和"礼"与"道"对立起来,而王兴国先生据此说司马季主的思想与老子的观点相对立,我认为这个结论是欠考虑的。正像老子说的"上德不德,是以有德"(《老子》第三十八章)是一个道理,"不德"恰恰是最有"德"的,因为从本然意义上来说,"德"本来就在那里,并不是老子真的不要"德"。]

　　公见夫谈士辩人乎? 虑事定计,必是人也,然不能以一言说人主意,故言必称先王,语必道上古;虑事定计,饰先王之成功,语其败害,以恐喜人主之志,以求其欲。多言夸严,莫大于此矣。然欲疆国成功,尽忠于上,非此不立。今夫卜者,导惑教愚也。夫愚惑之人,岂能以一言而知之哉! 言不厌多。

　　故骐骥不能与罢驴为驷,而凤凰不与燕雀为群,而贤者亦不与不肖者同列。故君子处卑隐以辟众,自匿以辟伦,微见德顺以除群害,以明天性,助上养下,多其功利,不求尊誉。公之等喁喁者也,何知长者之道乎!

(注:以上两段论述,道家意蕴非常明显,道家强调的就是不矫揉造作,顺理而为,贾谊《道术》篇中的某些思想与此观点是比较契合的。)

---

① 王兴国:《贾谊评传》,南京大学出版社 2006 年版,第 9 页。

宋忠、贾谊忽而自失，芒乎无色，怅然噤口不能言。于是摄衣而起，再拜而辞。行洋洋也，出门仅能自上车，伏轼低头，卒不能出气。

居三日，宋忠见贾谊于殿门外，乃相引屏语相谓自叹曰：道高益安，势高益危。居赫赫之势，失身且有日矣。夫卜而有不审，不见夺糈；为人主计而不审，身无所处。此相去远矣，犹天冠地屦也。此老子之所谓无名者万物之始也。天地旷旷，物之熙熙，或安或危，莫知居之。我与若，何足预彼哉！彼久而愈安，虽曾氏之义未有以异也。

久之，宋忠使匈奴，不至而还，抵罪。而贾谊为梁怀王傅，王堕马薨，谊不食，毒恨而死。此务华绝根者也。

太史公曰：古者卜人所以不载者，多不见于篇。及至司马季主，余志而著之。

总体而言，从《史记》的这篇文章中，黄老道家思想给了贾谊很大的启发，使得贾谊能更好地在出世入世间拿捏好分寸，"贤者亦不与不肖者同列。故君子处卑隐以辟众，自匿以辟伦，微见德顺以除群害，以明天性，助上养下，多其功利，不求尊誉"。真正的君子处危不乱，处变不惊，能上能下，不求尊誉，即便处卑也能保持自己的风范，这些观点一定给了贾谊很大的启发，使其思想更加呈现出立体的一面。

### 4.1.3 与法家的关系

法家思想的代表人物是韩非子，其核心思想是主张依法治国，强调统治阶级要将法、术、势这三者同时并用，加强君主的权威，从而进一步加强中央集权。法家思想的理论根据也是强调万物以"道"为本，认为"法"是道在社会中的体现。法家推行法治思想的根本目的是富国强兵，秦国的商鞅变法就基本上采用了法家的那一套主张。在战国纷争的时期，本来实力相对较弱、地处西方的秦国为了富国强兵，主张改革贵族奴隶主世袭制，允许土地自由买卖，强调奖励耕战，减轻赋税等，在当时收到了很好的成效，使秦国很快富强起来，成为战国中后期实力最强的诸侯国，并最终消灭其他六个诸侯国，统一中国，建立了中国历史上第一个统一的多民族的中央集权的郡县制国家。可见，法家的主张在当时曾经起到过积极作用。因为，当时之所以会盛行法家思想是有其现实的合理性依据的，那就是战国时期天下争雄，已非古法所能治。"及至禹、汤、盘庚、武丁，各当时而立法，因事而制礼，礼法以时而定，制令各顺其宜。"（《商君书·更法》）这是法家特别强调的一个观点，认为历史是向前发展的,古礼只适合于古代,当其时就必须实行符合当时时代要求的礼法制度,否则,刻舟求剑,定会耽误大事。

当然,法家思想也有不同的流派,法家的法治思想在不同的法家思想家那里,法、术、势思想在治理国家的过程中所占的比重是各有多少的:"法家中有三派,一重势,一重术,一重法。慎到重势。……重术者以申不害为宗;重法者以商鞅为宗。"①而韩非则成为法家思想的集大成者,"其能集此三派之大成,又以《老》学、荀学为依据,而能自成一家之言者,则韩非是也"②。也就是说,在韩非看来,法、术、势这三者都应该重视,"韩非认为,势、术、法三者皆'帝王之具',不可偏废"③。但是,相比较而言,法家还是高度强调了"法"的重要性。《管子·明法解》中提到:

> 明主者,一度量,立仪表,而坚守之,故令下而民从。法度,天下之程式也,万事之仪表也。吏者,民之所悬命也。故明主之治也,当于法者诛之。故以法诛罪,则民就死而不怨;以法量功,则民受赏而无德也。此以法举错之功也。故《明法》曰:"以法治国,则举错而已。"明主者,有法度之制;故群臣皆出于方正之治,而不敢为奸。百姓知主之从事于法也,故吏之所使者有法,则民从之;无法则止。民以法与吏相距,下以法与上从事。故诈伪之人不得欺其主;嫉妒之人不得用其贼心;谗谀之人不得施其巧;千里之外,不敢擅为非。故《明法》曰:"有法度之制者,不可巧以诈伪。"(《管子》卷二十一)

认为"法"最大的优点在于它的公平公正,能使百姓不敢为非并且乐意服从。所以,《韩非子·用人篇》曰:

> 释法术而任心治,尧不能正一国。去规矩而妄意度,奚仲不能成一轮。度尺寸而差短长,王尔不能半中。使中主守法术,拙匠守规矩尺寸,则万不失矣。君人者,能去贤巧之所不能,守中拙之所万不失,则人力尽而功名立。(《韩非子·用人篇》)

高度强调了法术、规矩的重要性。对于法家的这些思想,贾谊明显是有所继

---

① 冯友兰:《中国哲学史(上)》,生活·读书·新知三联书店 2008 年版,第 352—353 页。
② 冯友兰:《中国哲学史(上)》,生活·读书·新知三联书店 2008 年版,第 354 页。
③ 冯友兰:《中国哲学史(上)》,生活·读书·新知三联书店 2008 年版,第 354 页。

承的,特别是面对当时诸侯犯上作乱的情况,贾谊明确强调了法治的重要性,认为:

> 仁义恩厚,此人主之芒刃也;权势法制,此人主之斤斧也。势已定,权已足矣,乃以仁义恩厚而泽之,故德布而天下有慕志。今诸侯王皆众髋髀也,释斤斧之制,而欲婴以芒刃,臣以为刃不折则缺耳。(《制不定》)

虽然,贾谊在《过秦论》中反复强调了秦亡于暴政的教训是因为"仁义不施而攻守之势异也",但贾谊并没有完全否定"法治"思想的积极作用。但与法家思想所不同的是,贾谊并不单纯强调法治的重要性,而是能将法家思想与儒家思想有机地结合起来,以更好地起到维护社会秩序的作用。

贾谊所处的时代,诸侯王僭越礼制的行为已时有出现,面对当时的现状,贾谊认识到,"礼""法"各有侧重,均不可偏废,主张"礼法并用"。他明确指出:

> 凡圣人之智,能见已然,不能见将然。夫礼者,禁于将然之前,而法律禁于已然之后,是故法之所用易见,而礼之所生难知也。(《治安策》)

贾谊认为"圣人"治世,不仅要有"仁义"的一面,同时也要有"权势法制"的一面,二者是不能相互替代的,并侧重强调了"仁义"的重要性。

## 4.2　贾谊政治哲学思想的本体论依据

历来研究贾谊思想的学者对于贾谊《新书》中的《道术》《六术》《道德说》这几篇文章都是将其放在文章的最后顺便提及,没有将这三篇文章纳入其思想体系的主体范围。著名思想家徐复观先生已经洞察到了这三篇文章在贾谊哲学思想形成过程中的重要价值,"《新书》中有三篇很特殊的文字,对儒道两家思想加以结合,甚至是将儒道法三家思想加以结合,以形成由形上到形下的哲学系统,表现出贾谊在思想上的创意,这似乎是前无所承,而后无所继的。这即是卷八的《道术》《六术》《道德说》三篇,值得特别提出来,以补汉初思想史上的一段空白"①。但是,徐复观先生仅仅把这些思想归宗于贾谊的哲学思想,本人则直接将之定位成是贾谊的政治哲学思想,所以,在我看来,这三篇文章,不但应该被纳入贾谊思想的完整体系之中,而且还是对其整个政治哲学思想体系起引领作用的理论。可以这样说,正是在其形而上的"道"本体论思想的引领之下才形成了他完整的政治哲学思想,从而形成一个完整的"经天地,纪人伦,序万物,以信与仁为天下先"(《修正语上》)的政治哲学思想体系。假如我们能从这样的角度去解读贾谊的思想,就更能领悟到贾谊思想的深刻性。

贾谊的形而上的"道"本体论思想的主旨是:"物所道始谓之道,所得以生谓之德。德之有也,以道为本"(《道德说》),即,"道"是万物的本原,德是禀"道"而生的,德以"道"为本。也就是说,"道"是本原性的东西,其他一切事物都是从"道"中派生出来的,或者说是以"道"为终极依据的。所以,在对待万物和处理事情的时候都必须依"道"而行;而"德"是以"道"为本,并且包含在万物之中的,与"道"密不可分的东西。

那么,贾谊思想体系中的"道"到底是什么呢?有些学者看到贾谊论"道"就直接因此将贾谊在这些文章中表达的思想归结为是贾谊道家思想的体现,我认为这是不可取的,我比较赞成金春峰先生对"道德"一词所作的比较公允的解释:"实际上'道德'一词在战国末年已发生了很大的变化,'道'成为各家使用的名词,'德'也如此。因此道德一词的真实含义,正需要根据它出现的具体情况,联系其整个思想体系才能确定。"②贾谊思想中"道德"一词的真正含义正是其在继承前人思想基础之上的自身思想特色的很好体现。总体而言,贾谊的"道德"思想含儒家的成分反而更多一些,"这三篇著作(指《道德说》《道术》《六术》这三篇文章)表现了贾谊早期哲学思想的特点,也表现出贾谊思想中儒、道结合,由道家向儒家思想转化的特点"③。贾谊对于"道"的理解,在他的《道术》一文中作了极为详尽的说明。文章说:

> 曰:数闻道之名矣,而未知其实也。请问道者何谓也?对曰:道者所从接物也。其本者谓之虚,其末者谓之术。虚者言其精微也,平素而无设施也;术者,所从制物也,动静之数也。凡此皆道也。(《道术》)

---

① 徐复观:《两汉思想史》卷二,华东师范大学出版社 2001 年版,第 95 页。
② 金春峰:《汉代思想史》,中国社会科学出版社 2006 年版,第 59 页。
③ 金春峰:《汉代思想史》,中国社会科学出版社 2006 年版,第 50 页。

在这里,贾谊的"道"不仅是人与天地万物的起源,也是认识宇宙万物、处理问题的方法。他将"道"从本、末两个层面来进行具体分析和说明,"虚者言其精微也。""术者,所从制物也,动静之数也。"在这个预设的理论前提之下,贾谊进一步展开分析。

> 曰:请问虚之接物何如? 对曰:镜仪而居,无执不藏,美恶必至,各得其当;衡虚无私,平静而处,轻重必悬,各得其所,清虚而静,令各自命,如鉴之应,如衡之称,此虚之接物也。(《道术》)

贾谊认为,人们认识事物,就要像镜子一样不掩藏物体的形象,映照出人和事物的本来面目;也像用秤称量物体一样,客观公正地对待事物。只有如此才能客观地反映和认识事物的本来面目,这是进入下一步处理事物之前的一个很重要的前提。也只有这样才能在客观事实的基础之上正确处理事物,以获得尽量完满的结果。"其本者谓之虚,其末者谓之术。虚者言其精微也,平素而无设施也",这里的精微,是对"道"的本质的一种深刻的表达,大道本身是一种完满自足的东西,添一分嫌多,减一分嫌少,而能把握好这个分寸的,往往是那些贤明的君主,所以,贾谊说:

> 明主者,南面而正,清虚而静,令名自宣,命物自定,如鉴之应,如衡之称。有眸和之,有端随之,物鞠其极,而以当施之。(《道术》)

贤明的君主,在处理事情的时候,一定是依道而行,以当施之的,如此则肯定能处理好其所面临的事物。所以,贾谊认为:

> 人主仁而境内和矣,故其士民莫弗亲也;人主义而境内理矣,故其士民莫弗顺也;人主有礼而境内肃矣,故其士民莫弗敬也;人主有信而境内贞矣,故其士民莫弗信也;人主公而境内服矣,故其士民莫弗戴也;人主法而境内轨矣,故其士民莫弗辅也。(《道术》)

在此基础上,贾谊进一步指出了人主得当的措施所带来的诸多好处:

> 举贤则民化善,使能则官职治;英俊在位则主尊,羽翼胜任则民显;操德而固则威立,教顺而必则令行;周听则不蔽,稽验则不惶;明好恶则

民心化，密事端则人主神。（《道术》）

所以"凡权重者必谨于事，令行者必谨于言，则过败鲜矣"（《道术》）。这是一种近乎达"道"的境界，当然能把国家治理得秩序井然。关于大道之高明，在贾谊的《修政语》上篇中还借用了黄帝的话来加以表述：

> 黄帝曰：道若川谷之水，其出无已，其行无止。故服人而不为仇，分人而不谭者，其惟道矣。故播之于天下，而不忘者，其惟道矣。是以道高比于天，道明比于日，道安比于山。故言之者见谓智，学之者见谓贤，守之者见谓信，乐之者见谓仁，行之者见谓圣人。故惟道不可窃也，不可以虚为也。故黄帝职道义，经天地，纪人伦，序万物，以信与仁为天下先。然后济东海，入江内，取《绿图》，西济积石，涉流沙，登于昆仑。于是还归中国，以平天下。天下太平，唯躬道而已。（《修政语上》）

贾谊不仅对"道"作了详尽的论述，同时也对"德"进行了具体而细微入理的分析和描述，并且大大提升了"德"的地位，以便我们全方位把握以"道"为本的"德"的重要价值。他认为"德"有六理、六美等等，"德有六理。何为六理？道、德、性、神、明、命，此六者德之理也"（《道德说》）。"德有六美。何为六美？有道、有仁、有义、有忠、有信、有密，此六者德之美也。"（《道德说》）在此需要强调的是要注意区分"物所道始为之道"中的"道"与"德有六理"中的"道"以及"德有六美"中的"道"这三个不同层次之"道"的意思，"物所道始为之道"中的"道"是本体之"道"，"德有六理"中的"道"既是"德"之理，同时也是指"道"之理，而"德有六美"中的"道"既是指"德"之美，同时也是指"道"之美，后两个"道"属于形而下之"德"的范畴，是对以"道"为本的"德"的具体内涵的展开，以更好地彰显"道"的完满性和"德"的完美性，所以，"德"也是一个极其精微而又完满无缺的东西，假如人们在人事上能真正做到体道合德，那就等于能处理好一切事情，并不断地成就和完善自我。

贾谊用"道""德"二字概括了各种自然和社会现象，分析事物发展变化的规律。道既是德的根本，也是万物的根本。贾谊把道家的"道德"这一范畴进行了理论上的进一步发挥，首先把"道"看成是无差别的抽象，然后再把"德"视为有差别的东西，"道者无形，平和而神……德者，离无而之有"（《道德说》）。从"道"到"德"的过程是一个由无差别的抽象向有差别的东西的转化的过程，这既说明了"道"和"德"的区别，即相比之下，"道"是根本性、本原性的东西,又说明了"道"与"德"之间的密切关系:"德"是禀"道"而生的,"德"以"道"为本,同时也失去了"道"存在的意义和价值,但"道"也离不开"德","道"以"德"为用,离开"德"的作用,也就看不出"道"的根本性。

> 道虽神,必载于德,而颂乃有所因,以发动变化而为变。变及诸生之理,皆道之化也,各有条理以载于德。德受道之化,而发之各不同状。(《道德说》)

因此,虽然"道"是事物的根本,是带有本原性的东西,但"德"同样具有极其重要的地位,若有"道"无"德","道"就失去了其存在的价值和意义,所以,贾谊在他的《道德说》中,对"德"作了极为详尽的描述。"德"的六理能让我们更充分地体会到"道"的根本性和完满性。关于"六理"的内容,简言之,就是:"道"者"德"之本,"德"者"道"之用,"性"是指道德的生气所集,即生命,"神"指精神,"明"指知觉能力发之于外的能力,即智慧,"命"指事物坚固而不可移的特点,即必然性。贾谊在此对"德"的解释并没有简单地仅仅停留在"德有六理"上,而是进一步加以展开并进行深入的分析:

> 六理无不生也,已生而存乎所生之内。是以阴阳、天地、人尽以六理为内度,内度成业,故谓之六法。六法藏内,变流而外遂,外遂六术,故谓之六行。是以阴阳各有六月之节,而天地有六合之事,人有仁、义、礼、智、信之行,行和则乐兴,乐兴则六,此之谓六行。(《道德说》)

这段话的主要意思是无论人事,都有六理,而且存乎万事万物之内,因此,阴阳、天地、人都以六理作为内在的法则和基础,法则藏于事物的内部,而面对事物的变化发展,在对待和处理人事的过程中,就会依据六理而用之以六法,而这以六理为依据的六法应用到具体的人事上,就形成了六术,这六术就是六理的外在表现形式,也就是六行。追本究源,六行是以六理为依据的,这彰显了六理的完满性,因此,阴阳各有六个月之分,而天地有六合之事,人有仁、义、礼、智、信之行,若这些行为表现得和谐一致就会产生喜悦之情,于是就一切皆备。这里的"六理、六法、六术、六行",从根本上来说就是一种合"道"的完美境界,以及达到这种完美境界的途径,亦即达道的途径。而后,贾谊又在顺推的基础上进行了逆推:

> 阴阳、天地之动也,不失六行,故能合六法;人谨修六行,则亦可以
> 合六法矣。(《六术》)

即无论人事,只要不失六行,就能合六法,合六法则六理备,那就意味着具备
了大德,于是也就达到了合"道"的境界。处理万事万物都要体道合德,君主
治理国家当然要以理想社会的实现为终极目标,因为这个理想社会就是一
种"道"的最高境界的体现。所以,我们总能从贾谊的思想中领悟到其以完
满性或理想目标的实现作为终极依据。在此,贾谊对"德"的六理、六美、六
法、六术、六行的描述有很强的逻辑性和说服力,入情入理,通过对"德"的全
方位解读,高度彰显了"道"本体的完满性,这是一个从形而上之"道"到形而
下之"德"的逻辑推演过程。然而有些学者可能是没有耐心去对此进行细细
品读,就武断地下结论说贾谊的这些观点意思混乱或逻辑不清,这是需要认
真反思的。还有一些研究者看到贾谊的《道德说》和《道术》这两篇文章,因
其标题中都带个"道"字,就认为这体现了贾谊的道家思想,也是缺乏认真研
究态度的一种表现,事实上,在这两篇文章中,除了体现贾谊继承了道家思
想的一面外,更多地体现出的是贾谊继承了儒家思想的一面,尤其是儒家思
想中高度强调的伦理道德的一面。

而在"阴阳、天地、人"之德中,贾谊又特别强调了人德的重要性,并对此
进行了详尽的论述,在他的《道德说》一文的开篇就说:"诸生者,皆生于德之
所生;而能象人德者,独玉也。"(《道德说》)东汉许慎《说文解字》中说:"玉,
石之美兼五德者。润泽以温,仁也。鰓理自外可以知中,义也。其声舒畅远
闻,智也。不折不挠,勇也。锐廉而不忮,洁也。"玉气韵生动、含蓄坚韧、温
润莹泽、形神兼备,生动而富有灵性,具有美丽、润泽、细腻的特点。玉的自
然属性给人以美感,具有一定的美学价值和艺术价值。儒家所强调的道德
以涵盖仁、义、礼、智、信而著称,而用玉来象征伦理观念中高尚的品德和情
操似乎是比较恰当的,因为玉的特性非常符合当时人们的审美标准,也是人
们所追求的一种审美理想,当人们把玉的品质和人的一种崇高的精神境界
相结合的时候,就使玉有了更丰富的内涵。

其实,贾谊强调人德的重要性,从某种程度上来说就是强调了君主或圣
人的重要性,因为,从理论上来说,只有君主或圣人才是具备了最高德行的
人,也只有依赖他们才能将国家治理好。所以,贾谊说:

> 然则人虽有六行,微细难识,唯先王能审之。凡人弗能自至,是故

必待先王之教,乃知所从事。是以先王为天下设教,因人所有,以之为
训;道人之情,以之为真。是故内本六法,外体六行,以与《诗》《书》《礼》
《易》《春秋》《乐》六者之术以为大义,谓之六艺。令人缘之以自修,修成
则得六行矣。(《六术》)

这里就明确强调了"圣人设教"的重要性。在贾谊的《道术》篇中,同样强调
了贤明的统治阶级治理国家的重要性:

> 人主仁而境内和矣,故其士民莫弗亲也;人主义而境内理矣,故其
> 士民莫弗顺也;人主有礼而境内肃矣,故其士民莫弗敬也;人主有信而
> 境内贞矣,故其士民莫弗信也;人主公而境内服矣,故其士民莫弗戴也;
> 人主法而境内轨矣,故其士民莫弗辅也。举贤则民化善,使能则官职
> 治,英俊在位则主尊,羽翼胜任则民显,操德而固则威立,教顺而必则令
> 行。周听则不蔽,稽验则不惶,明好恶则民心化,密事端则人主神。
> (《道术》)

贤明的君主在治理国家的时候能体道合德,就能达到一种理想、和谐、大一
统的良好的社会局面。

贾谊的政治哲学思想体系正是以完满的"道"为本体依据而建构起来
的,在这种理论预设的前提之下,他对当时的汉初社会现实进行了深度的剖
析和深刻的批判,并在此基础上向汉文帝提出了许多治理国家的合理化建
议,并不断地向汉文帝表达他的最高政治理想:"君臣和谐、内外和谐(主要
指处理好汉族与少数民族的关系)、臣民和谐、民民和谐的大一统的理想的
社会政治模式。"

对于万事万物而言,合"道"就意味着达到了完满的境界。那么,就政治
而言,在贾谊看来,理想的政治模式就应该是和谐的、大一统的状态。所以,
治国之道就是要努力建立一种理想的大一统的社会模式,而为了实现这一
理想的社会模式,就必须依"道"而行,因时制宜地对具体的社会制度进行合
理的建构,并最终为实现理想的社会模式提供制度保障。所以,从中可以明
显地看到,贾谊就汉初的社会现实,在向汉文帝献计献策的时候,确实始终
伴随着他鲜明的以"道"为本的政治哲学思想的引领,即努力构建与"道"合
一的、和谐的、大一统的政治模式。

事实上,据史料记载,中国的三皇五帝时代就是特别追求理想政治模式

的时代,理想政治中的治国之君必须是圣人,是百姓的表率,是顺民心的善意统治者,只有这样才能确保天下安宁,之所以会有这种确定不移的圣人治国的观念以及必须考虑百姓利益的观念,其依据来自"天地之性",也就是天道! 那么天道又何以必然会演化出如此充满德性的人道呢? 这与中国古文明的发展历程有很大的关系。"古代中国文明中,宗庙所在地成为聚落的中心,政治身份的世袭和宗主身份的传递相合,成为商周文明社会国家的突出特点。政治身份与宗法身份的合一,或政治身份依赖于宗法身份,发展出一种治家与治国融为一体的政治形态和传统。在文化上,礼乐文化成为这一时代的总体特征。"①因此,在两周时期,诸侯国虽然各自为政,但很自然地仍然将周朝作为封建天下的共主,并且以周文化作为共同文化的典范。所以,"中国古代从西周到春秋的社会,其基本特点就是宗法性社会。这里所说的'宗法性社会'是一个描述性的概念,乃是指以亲属关系为其结构、以亲属关系的原理和准则调节社会的一种社会类型。宗法社会是这样一种社会,在这个社会中,一切社会关系都家族化了,宗法关系即是政治关系,政治关系即是宗法关系。故政治关系以及其他社会关系,都按照宗法的亲属关系来规范和调节"②。这样的社会,其性质接近于梁漱溟先生所强调的"伦理本位的社会",而清华大学哲学系教授陈来先生认为:"伦理关系的特点是在伦理关系中有等差,有秩序,同时有情义,有情分。因此,在这种关系的社会中,主导的原则不是法律而是情义,重义务而不重权利,……春秋后期以降,政治领域的宗法规范已遭严重破坏,但社会层面的宗法关系依然存在,宗法社会养育的文明气质和文化精神被复制下来。此种背景下发展的政治实践和政治哲学,注重'德'在政治领导上的作用,注重'礼'作为政治规范和统治形式的意义,重视被统治者'民'的需要和利益,这些都成为后代政治哲学发展的基因。"③于是我们就不难理解,在中国,"西周至春秋时代,并没有出现以'正义'为中心的讨论,而是提出了一些特有的论述,如天和民、天和礼、天和德的关系等等。……这些论述和命题构成了儒家古典政治哲学发展的背景和前提,与古希腊前期政治哲学形成了对照"④。也就是说,儒家文化何以如此强调以德性作为政治哲学指导思想,实际上是有深刻的具有中国特色的社会背景作为前提的,正是在这样的社会背景下,德性显得尤其

---

① 陈来:《回向传统》,北京师范大学出版社 2011 年版,第 241 页。
② 陈来:《回向传统》,北京师范大学出版社 2011 年版,第 243 页。
③ 陈来:《回向传统》,北京师范大学出版社 2011 年版,第 243 页。
④ 陈来:《回向传统》,北京师范大学出版社 2011 年版,第 244 页。

必要和合理,因此中国早期社会有很多强调德性的观点,如"皇天无亲,惟德是辅"(《左传》)以及"克明俊德"(《尚书·尧典》)、"惟不敬德,乃早坠厥命"(《尚书·召告》)、"勤用明德"(《尚书·梓材》)等等,这些提法都高度强调了德行的重要性以及终极性原则。所以,陈来先生总结说:"孔子后来说'为政以德',把西周以来中国古代政治传统以更明确的形式表达了出来,道德和德性成为政治的基点,在前孔子时代,这种把道德置于政治中心的立场是借助'天'的权威加以实现的,而天地权威又是被'德'所规定了的。"①

　　贾谊以"道"为本的政治哲学思想显然是对上述思想的一种继承和发展,贾谊《道德说》中所描述的"道"其实就包含了天道的意思。在贾谊看来,政治应该是以德性的普遍实现为最终目的,综上所述,我们也同时可以发现,这个思想并不是贾谊首创的,只是贾谊对此作了更高程度的强调。我们可以看到,在《论语》中就有多处体现了"政治应该是以德性的普遍实现为最终目的"的思想。如季康子问政于孔子,孔子对曰:"政者,正也。子帅以正,孰敢不正?"(《论语·颜渊》)政是端正的意思,你率先端正自己,谁敢不端正? 这说明治理国家必须用正道;《孙子兵法》中也有"以正治国,以奇用兵"的说法。再如:"举直错诸枉,能使枉者直"(《论语》颜渊)的思想的提出,也许在一个人治的社会里,这是唯一的也是最好的使政治清明的办法。还有,子曰:"为政以德,譬如北辰,居其所而众星共之。"(《论语·为政》)孔子把"为政以德"视作治理国家的根本原则,其所有治国思想都是围绕这一原则而展开的。"道之以政,齐之以刑,民免而无耻;道之以德,齐之以礼,有耻且格。"此语在儒家思想中有极为重要的地位,儒家主张治理国家时要以德治为主、法治为辅,就是基于此语。因为儒家的理想社会是道德高尚的君主国,而孔子认为,要培养道德高尚的人,就必须通过道德手段。君主要治理好天下就必须参天地之道来设立治道。西汉初年陆贾在他的《道基》一文中就有这样的描述:"天地之性,万物之类,怀德者众归之,特刑者民畏之,归之则充其侧,畏之则去其域。"(《道基》)在陆贾看来,天地之大德就是生生不息,也就是至善。万物秉承天地之性,也将"德化"布之万物。而生生之道,在人类社会则是以"仁""德"治世,以"礼""义"教化。而以"仁""德"治世不仅是一种治世之道,也是天的本性的体现,是"天道"使然。从这个角度来说,"天道"是理想的政治模式的本体论依据,即,人生在世,要尽力做到"与天地合其德,与日月合其明,与四时合其序,与鬼神合其吉凶"(《易经》)。

---

① 陈来:《回向传统》,北京师范大学出版社 2011 年版,第 249 页。

按照贾谊的观点，"道"是万物的本原，德是以"道"为本的，德是"道"的本性的体现。在此基础上，他又进一步认为德有六理——道、德、性、神、明、命，他主张以"六理"作为确定社会的道德基础，并借此确立封建社会的道德秩序，最终这个"六理"又归本于"道"，所以，"道"是贾谊的政治哲学思想体系的本体论依据。

## 4.3 政治哲学思想占据核心地位

贾谊思想体系的特色到底在哪里？如前所述，许多学者在研究贾谊思想的时候都习惯于将其思想归入某一派别，且各有各的理由。作者认为，我们应该跳出这个一味拘泥于将贾谊思想归本于某个派别的圈子，而应该多从其思想本身的价值去研究和考察，这样或许能给我们后人以更多的启迪。而且，从更根本的层面来说，思想家真正应该关注的是人的生存状态的学问，即人生活在这个世界中应该如何生活得更好的问题。治理国家需要各种智谋与策略，要因时而变，与时俱进，并且应该关注如何让这个国家中的所有人都能生活得更好，所以，作者认为把贾谊的主体思想概述为政治哲学思想是比较恰当的，勇敢地推倒将其思想分门别类的隔离墙，反而能更清晰地看清贾谊思想的整体框架和历久弥新的思想价值。关于贾谊的思想体系，许多学者都比较注重他的治国思想，并进行了深入具体的研究和分析，也看到了贾谊治国思想的一个整体架构，并发现了贾谊治国思想中的许多可取之处，觉得它特别有利于西汉政局的稳定。但作者认为，我们更应该看到支撑贾谊治国思想的更为根本的哲学思想，即他的政治哲学思想，正是在其政治哲学思想的引领之下，才有其一系列适应当时时代要求的治国思想。"政治哲学并不是哲学在政治领域中的应用，而是哲学活动的一种特殊方式，是解决哲学根本问题的一种特殊方式……是通过对政治事物的一般性的反思而深入地理解人的生存和世界本性的学问。"①

所以，政治哲学思想与治国的具体制度实践思想的内涵是有明显区别的，治国思想只是在政治哲学思想支配下的具体的治国主张而已，而政治哲学思想是定位于价值世界而做出的价值判断，可以为具体的治国策略的设定提供价值观和方法论的指导。它的中心关切是政治应当如何的问题，即有关治国的标准和规范方面的知识，以更好地实现制度与现实政治的有机

---

① 邹吉忠：《关于政治哲学的几点思考》，《哲学研究》2008 年第 10 期，第 31 页。

结合。从时间上看,它除了可以为现实服务,同时也可以为很长一段时间的将来服务,从它的功能指向上看,主要是从完美人性的高处出发,完成对现实世界诸多问题的批判,它是作为社会批判资源而存在的。从某种角度来说,政治哲学充当了这样的角色:它批判现实世界发展过程中暴露出来的各种问题并进一步寻找问题产生的根源,从而为社会的良性发展提供世界观和方法论上的指导,努力使现实世界的发展符合人们的理想追求。

事实上,政治哲学思想对更好地确立治国方针起到极其重要的指导作用。当然,政治哲学在运用其批判功能后又必须依赖于事实世界中的现实权力,使之所追求的目标得以真正实现,因为它自身无法做出具有现实性的制度安排,因此,如果能将政治哲学思想和具体的治国主张有机地结合起来,使两者相得益彰,就特别具有重大的理论意义和现实意义。而作为一种以理想社会的构建为目的的政治哲学思想,它应该是基于普遍理性而对未来世界的面貌和变动轨迹做出的理论上的构想,是根据人类的一些普适价值,如博爱、仁义、和谐、平等、诚信等对未来世界做出的观念上的理想构建。贾谊构建了一个完整而又理想的政治哲学思想体系,其政治哲学思想是以形而上之"道"作为其本体论依据的,在此基础上,他构建了一个理想的治国模式,因此,在贾谊的思想世界里,始终有这样一个大格局——"天下不乱,社稷长安,宗庙久尊"(《五美》),应该说这个格局体现了极其可贵的和谐社会的理念,包括了民本、仁爱、休战、隆礼、尚德、大一统等等理想而又美好的社会愿望。而正是在贾谊所设想的这种理想的政治哲学思想的引领之下,才有其一系列适应当时时代要求的体现在政治、经济、军事、文化教育等各方面的丰富的治国主张。所以,本书的切入点是着重从政治哲学的角度来梳理贾谊思想的整体脉络,以更好地发现其思想的合时代性及可资借鉴的理论资源,在感受古人思想之渊深宏阔的同时,也为当代社会的发展寻找合适的可供借鉴的思想资源,因为,从某种程度而言,在人类社会中,无论时空如何转换,无论世事如何变幻,人类对一些最基本的问题的思考往往有着惊人的一致性。

# 5 贾谊政治哲学思想的当代意义

西汉距今已有两千多年了,历史的车轮已滚滚向前,社会已经有了翻天覆地的变化,中国的社会制度已经从封建社会步入到了社会主义社会,无论是政治、经济、军事、文化还是国际关系等方面都与那个时代不可同日而语,尤其是伴随科学技术的突飞猛进,人们的生产生活方式也几乎和那个时代完全不一样了,回望历史,已经有无数个思想家从这时光隧道中穿梭而过,然而,总是有那么几位思想家,会时时在历史的长河中频频做客,观照正在生活中的人们的一举一动,给我们以智慧,给我们以启迪,引领我们更好地走向未来。贾谊就是这样一位不可多得的思想家,其以"道"为本的政治哲学思想,虽已走过几千年的历史,却历久弥新,始终散发着智慧和理性的光辉,为当今和谐社会的构建提供有效的理论借鉴和指导意义。主要表现在以下几个方面。

1. 贾谊的政治哲学思想之所以选择以"道"为本,主要是因为"道"的终极性和完满性及其对大道的深刻领悟,有了这个形而上之"道"的引领,为政者就一定会结合时代实际去着力构建符合时代要求的理想的社会模式,一定会在行事过程中处处以"尊道、体道、合道"为追求的目标。在贾谊的《道术》篇中,在回答"道者何谓"这个问题的时候,明确提到:

> 道者,所从接物也。其本者谓之虚,其末者谓之术。虚者,言其精微也,平素而无设施也。术也者,所从制物也,动静之数也。凡此皆道也。(《道术》)

治国若合道,就自然会出现一种理想的社会状况,就如贾谊所言:

> 明主者,南面而正,清虚而静,令名自宣,命物自定,如鉴之应,如衡之称,有瞫和之,有端随之,物鞠其极,而以当施之。此虚之接物也。(《道术》)

如此,明主在处理事情即"所从制物"的时候若能处处"以当施之"就能使人事呈现出一种理想的状态：

> 人主仁而境内和矣，故其士民莫弗亲也；人主义而境内理矣，故其
> 士民莫弗顺也；人主有礼而境内肃矣，故其士民莫弗敬也；人主有信而
> 境内贞矣，故其士民莫弗信也；人主公而境内服矣，故其士民莫弗戴也；
> 人主法而境内轨矣，故其士民莫弗辅也。举贤则民化善，使能则官职
> 治，英俊在位则主尊，羽翼胜任则民显，操德而固则威立，教顺而必则令
> 行。周听则不蔽，稽验则不惶，明好恶则民心化，密事端则人主神。
> （《道术》）

所以，贾谊最后总结说：

> 术者，接物之队。凡权重者必谨于事，令行者必谨于言，则过败鲜
> 矣。此术之接物之道也。其为原无屈，其应变无极，故圣人尊之。夫道
> 之详，不可胜述也。（《道术》）

此处的"队"，《贾谊集校注》把它解释为"道"，于智荣注的《贾谊新书》把它解
释为"方式做法"，综合起来理解，也就是说，"术"是与外物进行联系的方式，
而"道术"当然是最佳的方式，在我看来，这样的"道术"是超时代性的，也就
是说，这是适用于各个时代的，是经得起时间和实践的检验的。那么，我们
该如何用此"道术"来治理当今的国家呢？

当今中国，经过改革开放之后，综合国力明显增强，国际地位明显提高，
人民的生活水平有了明显改善，但是，随着改革开放的进一步深入，出现了
许多新的深层次的社会问题。这些问题涉及政治、经济、文化等的方方面
面，突出表现在以下三个方面：

一是物质文明和精神文明严重脱节的问题，没有做到使两者齐头并进，
一方面，过分追求物质利益的现象屡见不鲜，在以"经济建设为中心"的口号
下，片面追求经济利益而忽视资源环境问题的现象频频发生。

二是房价的虚高问题，一方面房子越造越大，价格越来越高，空置房越
来越多，另一方面因为房价太高，使得许多老百姓根本没有经济能力买房，
住房条件迟迟得不到改善。

三是食品安全问题令国人担忧，假冒伪劣商品充斥市场，职业道德缺失
现象屡有发生，空气污染事件时有发生。

　　如果把责任都归咎到政府的头上，这显然也是不客观的，如果能够适当地借鉴贾谊以"道"为本的政治哲学思想，以大道的完满性作为考虑问题的出发点和最终归宿，是不是有许多问题都可以得到妥善的解决呢？在此，我们不妨静心聆听来自西汉思想家的空谷传音。在贾谊的《春秋》篇中记录了好几位践行德政的诸侯王的事例，非常具有借鉴意义。

　　（1）楚惠王的德政

　　　　楚惠王食寒菹而得蛭，因遂吞之，腹有疾而不能食。令尹入问曰："王安得此疾？"王曰："我食寒菹而得蛭，念谴之而不行其罪乎，是法废而威不立也；谴而行其诛，则庖宰监食者法皆当死，心又弗忍也。故吾恐蛭之见也，遂吞之。"令尹避席再拜而贺曰："臣闻'皇天无亲，惟德是辅。'王有仁德，天之所奉也，病不为伤。"是昔也，惠王之后而蛭出，故其久病心腹之积皆愈。故天之视听，不可谓不察。（《春秋》）

　　"皇天无亲，惟德是辅"，作为一国的君主，德政是头等大事。

　　（2）邹穆公以仓库之粟换百姓之秕的事例

　　　　邹穆公有令，食凫雁者必以秕，毋敢以粟。于是仓无秕而求易于民，二石粟而易一石秕。吏请曰："以秕食雁，为无费也。今求秕于民，二石粟而易一石秕，以秕食雁，则费甚矣，请以粟食之。"公曰："去！非而所知也。夫百姓煦牛而耕，曝背而耘，苦勤而不敢惰者，岂为鸟兽也哉？粟米，人之上食也，奈何其以养鸟也？且汝知小计而不知大计。周谚曰：'囊漏贮中。'而独弗闻欤？夫君者，民之父母也。取仓之粟，移之与民，此非吾粟乎？鸟苟食邹之秕，不害邹之粟而已。粟之在仓，与其在民，于吾何择？"邹民闻之，皆知其私积之与公家为一体也。（《春秋》）

这个事例在前面分析贾谊的经济思想时已经出现过，"爱出者爱反，福往者福来"（《春秋》），许多事情之间都是相互影响的关系，君善待民，民当然爱戴其君，所以贾谊在他的《礼》篇中说："夫忧民之忧者，民必忧其忧；乐民之乐者，民亦乐其乐。与士民若此者，受天之福矣。"（《礼》）我觉得这个事例可贵的地方在于强调了"公私一家""君民一体"的思想，"取仓之粟，移之与民，此非吾粟乎？"如果把国家看成一个不可分割的整体，那么，无论粟在哪里，都在这个国家的范围之内，当然应该最大限度地发挥粟的作用，从而让粟的价值最大化。有了这样的思想观念,那么"粟之在仓,与其在民,于吾何择?"因此,通过这件事情,老百姓都知道邹穆公"其私积之与公家为一体也",那么,老百姓当然乐意为自己的国家效力。

(3)晋文公善于自我反省的事例

> 晋文公出畋,前驱还白:"前有大蛇,高若堤,横道而处。"文公曰:"还车而归。"其御曰:"臣闻:'祥则迎之,妖则凌之。'今前有妖,请以从吾者攻之。"文公曰:"不可。吾闻之曰:'天子梦恶则修道,诸侯梦恶则修政,大夫梦恶则修官,庶人梦恶则修身,若是则祸不至。'今我有失行,而天招以妖我,我若攻之,是逆天命。"乃归,斋宿而请于庙曰:"孤实不佞,不能尊道,吾罪一;执政不贤,左右不良,吾罪二;饬政不谨,民人不信,吾罪三;本务不修,以咎百姓,吾罪四;斋肃不庄,粢盛不洁,吾罪五。请兴贤遂能,而章德行善,以导百姓,毋复前过。"乃退而修政。居三月,而梦天诛大蛇,曰:"尔何敢当明君之路。"文公觉,使人视之,蛇已鱼烂矣。文公大说,信其道而行之不解,遂至于伯。故曰:"见妖而迎以德,妖反为福也。"(《春秋》)

"德政"并不仅仅意味着只对老百姓稍施一点恩惠,而应该从根本处着眼,唯有如此,为政者和老百姓之间才会形成一种良性的互动关系,才能真正构建和谐社会。

2.贾谊在向汉文帝提出治国主张的时候,总能兼顾统治阶级与被统治阶级以及统治阶级内部各方的利益,这是一种非常可贵的利益兼顾的原则,这对于为政者具有很好的借鉴意义。

3.贾谊的富安民、亲民、利民的全面的惠民思想,最大限度地考虑到了老百姓的利益,这是一种带有根本性的民本思想,是对前人民本思想的继承和发展,这在当今社会仍然具有极大的借鉴意义。这使得老百姓在充分感受到来自政府关怀的同时,也能最大限度地激发他们的积极性和创造性,增强对政府的支持力和凝聚力,以实际行动报答政府,从而形成一种良性互动的关系。

4.贾谊的教育思想在当今时代也具有极大的借鉴意义,此内容已经在前文分析贾谊的教育思想时进行了详细的论述。

贾谊以"道"为本的政治哲学思想,从一般意义上而言是基于一国范围之内的,因此,就国家范围而言,其最终目标是要实现和谐的"大一统"的社会局面,而当一种政治哲学思想是以大"道"作为本体论依据的前提下,就具有极强的可塑性,因此,如果将贾谊的政治哲学思想稍加延伸和拓展,就可以将其适用性扩展到世界范围。何况,在贾谊所生活的西汉时期,由于当时的地理知识所限,整个世界的范围有多大,他们并不了解,但有一个观点几乎是确定无疑的,那就是,他们认为,中原地区是政权的中心区域,随着这个政权实力的不断强大,一定会使四方悦服,因此,会有"蛮夷皆属汉"的思想,包括贾谊提出的"与单于争其民"以及"民天下之兵"的思想,都包含有将中原地区作为四方政治中心这样的理念,以至于到了危机四伏的清朝乾隆统治后期,当英国的使臣马戛尔尼来到中国的时候,当时的许多官员认为他应该行三跪九叩首之礼。所以,从这个角度来理解,将贾谊的政治哲学思想置于整个世界范围之内来把握是完全可以的,可以这样说,在贾谊看来,政治的最高境界就是道德在全社会的普遍实现,使大道充盈天下,这是一种大善大美的终极目标。所以,贾谊政治哲学思想的许多制度实践策略在处理当今复杂的国际关系问题上也是有重要的借鉴意义的。

首先,贾谊关于解决匈奴问题提出的"帝者战德""与单于争其民""建三表、设五饵"的策略,在处理国际关系时非常值得借鉴。西汉初期,位于北方的少数民族匈奴对汉王朝的侵扰日益嚣张,汉高祖曾经在平城白登山被匈奴兵围困了七天七夜才解了围,到汉文帝即位后,匈奴仍然不断南下侵扰,在贾谊看来,匈奴经常南下骚扰西汉的北部边境,主要是因为单于所制定的不当策略引起的,其主要责任不在民,而在单于,所以提出了"与单于争其民"的思想,同时他进一步考虑到要最大限度地避免伤亡,因为一旦"争民"成功,那么,单于之民就是大汉之民,既然如此,那么,在"争民"还没有成功之前,就应该尽量减少这些民的伤亡,所以贾谊提出了"帝者战德"以及"建三表、设五饵"之策,这些策略充满了德性和智慧的光辉,而刘向说贾谊"欲试属国,施五饵三表以系单于,其术固已疏矣"[1],我认为这个说法是有失公允的。应该说,贾谊是经过了深思熟虑之后才向汉文帝提出这些策略的,这也恰恰是贾谊以"道"为本的政治哲学思想在处理民族关系上的一种制度实践策略,是非常具有代表性的。

贾谊的思想在处理国际关系上是具有借鉴意义的。如果说国与国之间出现了矛盾和纠纷,其主要的原因是出于政策层面的话,那么,在解决这些矛盾和纠纷的时候,就一定不能牵连到广大无辜的老百姓,更不能动不动就

---

① 班固:《汉书·贾谊传》卷 48,中华书局 1962 年版,第 2265 页。

诉诸武力,否则,只能把问题变得复杂化,伤及许多无辜之民。2003 年,美国以伊拉克拥有大规模杀伤性武器为由,在总统萨达姆不服软的情况下,在联合国没有授权的情况下就擅自单方面发动了对伊拉克的战争就是一个典型的反面例子,因为这导致了大量无辜的伊拉克人民的死亡,这是对人道主义的肆意踩躏和践踏,是与大道完全相背离的,而且就是因为这个错误的策略,出现了诸多的战后遗留问题,从而使国际关系变得更加复杂化。

其次,贾谊提出的"民天下之兵"的思想值得我们当代人反思和借鉴。贾谊提出这个观点的背景是在"与单于争其民"成功之后提出的:

> 将必以匈奴之众,为汉臣民,制之令千家而为一国,列处之塞外,自陇西延至辽东,各有分地以卫边,使备月氏灌窳之变,皆属之直郡,然后罢戎休边,民天下之兵。帝之威德,内行外信,四方悦服,则愚臣之志快矣。(《匈奴》)

若按照贾谊的设想妥善解决匈奴问题之后,贾谊进一步提出了"罢戎休边,民天下之兵"的设想,然后,"帝之威德,内行外信,四方悦服",从这里可以明显地看出贾谊的基于"善"的理念之下的达"道"的军事观,在可以避免的情况下当然尽量不要发生战争,最好不要有兵,当"兵"全部变成"民"的时候,也就意味着太平盛世的出现,让百姓安居乐业,从而实现理想中的"社稷长安,宗庙久尊,传之后世,不知其所穷"(《五美》)的和谐局面。

最后,寻求共同的价值观和道德认同。

当今世界有 200 多个国家和地区,社会制度千差万别,文化背景、风俗习惯等也各有各的特色,我们首先要允许和承认这些差异的存在,但是,在人类历史发展的长河中,有些东西却是可以超越国界的,是人之为人都应该普遍关注和具备的东西,那就是与德性有关的价值观。贾谊在《道德说》一文中提到的"德有六理,何谓六理? 曰道、德、性、神、明、命","德有六美,何谓六美? 有道、有仁、有义、有忠、有信、有密","六理、六美,德之所以生阴阳天地人与万物也,固为所生者法也"的思想以及在《道术》篇中提到的"六理无不生也,已生而六理存乎所生之内,是以阴阳天地人,尽以六理为内度,内度成业,故谓之六法。六法藏内,变流而外遂,外遂六术,故谓之六行。……阴阳天地之动也,不失六行,故能合六法。人谨修六行,则亦可以合六法矣",这些哲学思想,经过我前面的分析,可得出下面一些明确的结论:其一,"德"以"道"为本;其二,"德"有六理、六美,具有完满性;其三,为人处世若能

"尊道合德",就能达到一种完满的境界。

　　以上思想是没有国界的,可以作为人类共同追求的价值观,而将这种价值观应用到处理国际关系问题上去的时候,我们就会发现,许多原本认为非常复杂和棘手的矛盾和纠纷也许就能瞬间迎刃而解。譬如,国与国之间的领土争端问题,若双方都能尊重历史,尊重国际法所制定的相关规范和原则,事情也许就没有想象中的那么复杂。诸如此类的问题,若为政者具有大智慧,能从根本上和用长远的眼光考虑问题,能有共同的价值观和道德认同,世界将变得更加和谐和美好。

# 结　论

　　综观贾谊为振兴汉王朝而向汉文帝提出的这些具体的治国策略，作者发现他的有效预防政局动荡的"众建诸侯而少其力"的思想有利于加强中央集权，稳定社会秩序；对解决匈奴问题所设立的"帝者战德""建三表、设五饵"之策以"与单于争其民"以及"民天下之兵"主张的提出，体现了一种天下一家、世界大同的理念；其极其宏阔的"礼、法、仁"相结合的礼治思想突显了"仁"本地位；其独特的民本思想和富安民、亲民、利民的全面的惠民思想能最大限度地兼顾统治者和被统治者双方的利益，这在当时的社会背景下，实属难能可贵；而其极富特色的教育思想高度强调了教育与政治的关系；其通过重视对太子的教育以最终达到德化天下的目的之思想更体现了其构建理想社会的美好愿望，而当我们将这些内容综合在一起来审视的时候，我们会清楚地发现这是一种极其美好的合"道"的思想境界，贾谊的政治哲学思想始终围绕着这个主题而展开，更证明了其政治哲学思想是以"道"作为其本体论依据的。

　　众所周知，中国自夏商周以来，直至战国、秦，统治者都是贵族出身，政权具有牢固的基础。自从秦灭六国，消灭了贵族的政治势力，取而代之的汉朝是中国历史上第一个由平民建立的政权，刘邦是一介平民，这从理论上来说就缺乏使天下人尤其是使山东六国贵族后裔信服的依据，因此，新兴政权迫切需要对其自身的合法性作出理论上的论证。然而，这样的理论论证因为不可避免地带有明显的目的性和倾向性，很难自圆其说，甚至有可能会流于歪理邪说。贾谊政治哲学思想的可贵之处恰恰体现在这里，很少带有功利性的目的，他的政治哲学思想体系在构建的过程中很少带有天命神学的色彩，虽然贾谊曾经建议汉文帝"改正朔，易服色制度，定官名，兴礼乐"（《治安策》），在这一点上，似乎带有某种神学的色彩倾向，但这是有其深刻的社会渊源的，"汉代人的思想骨干，是阴阳五行。无论在宗教上、在政治上、在学术上，没有不用这套方式的。推究这种思想的原始，由于古人对宇宙间的事物发生了分类的要求。他们看见林林总总的东西，很想把繁复的现象化作简单，而得到它们的主要原理与其主要成分，于是要分类。……其结果，有阴阳之说以统辖天地、昼夜、男女等自然现象，以及尊卑、动静、刚柔等抽象概念;有五行之说,以木、火、土、金、水五种物质与其作用统辖时令、方向、神灵、音律、服饰、食物、臭味、道德等等,以至于帝王的系统和国家的制度"①。依据现存的资料,阴阳说应该是起源于《周易》,而五行说则可能起源于《洪范》,《洪范》上的五行,说是上帝赐给夏禹的,到了战国时期,这种五行说成为一种系统的学说,汉代承战国之后,成为五行说的全盛时代。因为这样的大背景,因此贾谊很难免俗,所以,贾谊在初到朝廷时,向汉文帝提出了改服色制度的与五行学说相关的一些主张。当然,因为种种原因,汉文帝也没有采纳贾谊的这个主张。然而,贾谊也显然没有陷入这个约定俗成的迷信的泥潭而不能自拔,以后也不再提及此事。就贾谊的总体思想体系而言,是以大道的实现、社会的和谐为终极目标的,因此,即便处在阶级社会,却能兼顾到两大对立阶级双方的利益;面对民族矛盾,他会考虑如何最大限度地减少伤亡,从而使利益最大化,所以,他会提到"帝者战德""与单于争其民""民天下之兵"这样的极富建设性的建议;即便在统治阶级内部出现内部矛盾的时候,他也会想到"投鼠忌器"和"礼待大臣"这样的既维护君主的尊严,又使臣下不失体面的两全之策,不像董仲舒,为了论证平民统治取代贵族统治的合法性,就极力利用儒家中的"天命"思想,试图建立一种天命神学,将汉朝政权的合法性依托在天命上,然后专门建立一套天人感应的理论,以《天人三策》及《春秋繁露》构建了他宏大而严密的哲学体系,把很多政治手段都牵强附会地跟天命捆绑在一起,因此就不可避免地带有明显的神学色彩,这样的理论,若站在无神论的角度来加以审视,就很难站稳脚跟,很多理论会不攻自破,贾谊就敢于大胆地取消"天"的权威性:"夫立君臣,等上下,使父子有礼,六亲有纪,此非天之所为,人之所设也。夫人之所设,不为不立,不植则僵,不修则坏。"(《治安策》)也正因为如此,人们很容易把董仲舒看成是统治阶级的代言人,而把贾谊看成是一个维持公正的思想家,所以,在我看来,比起董仲舒的"天人感应"理论,贾谊的思想既具时代性,又富前瞻性,既务实不虚夸,又充满人性的温暖,贾谊实在是一位不可多得的德性思想家。宋代大儒朱熹就给了贾谊很高的评价:"谊学杂,而文字雄豪可喜,是也! 吾读其论、赋,感其人,文论高古,譬喻精妙,行文滔滔不绝,气势延绵,尤如神龙出云端而不见其迹,千态万状,莫可名言也;陈说治理,善据事实,援古证今,识要奥;宏识巨议,举前代之已然,明当代之必然,如皎皎星辰日月,江河地中,不得淹没之矣。"(《朱子语类》卷一百一十四)

---

① 顾颉刚:《汉代学术史略》,人民出版社 2008 年版,第 1 页。

总之，贾谊的政治哲学思想有形而上的依据，是一个庞大的始终怀有大一统政治理想的完整的思想体系，他给当时社会的发展寻求到了一个可能达到的制高点，提出了一条从形而上之"道"到形而下之"德"的实现理想社会的途径。他设想的是一种基于善的理想的社会政治模式，是合于当时社会又高于当时社会的既务实又有远见的政治哲学思想。其政治哲学思想支配下的政治、经济、军事、文化、外交策略，即便不能在当世被统治者所采纳，也能为后世明君所借鉴，这已足见其思想的可行性与生命力。汉文帝正是因为采纳了贾谊的许多合理化建议，成为汉初一位很有作为的皇帝，驾崩后左右群臣一致认为："世功莫大于高皇帝，德莫盛于孝文皇帝。"①"太史公曰：孔子言'毕世而后仁。善人之治国百年，亦可以胜残去杀'。诚哉是言！汉兴，至孝文四十有余载，德至盛也。廪廪乡改正服封禅矣，谦让未成于今。鸣呼，岂不仁哉！"②虽然，贾谊早于汉文帝而死，但其建言及德行必定对汉文帝造成了长久的影响。不仅如此，后世许多明君也都或多或少地借鉴了贾谊的德政思想。

不可否认，贾谊的个人命运是个悲剧。他的一生仕途坎坷，命运多难，作为一个有远见卓识的年轻思想家，却生不逢时，据《史记》记载，在汉初，"公卿皆武力有功之臣。孝文时颇征用，然孝文帝本好刑名之言"③，在这样的情况下，使得贾谊没有机会充分施展自己的才能，没有被这个王朝当作真正的得力之才而重用，而事实上，这其实是西汉王朝的一大损失。虽然贾谊英年早逝，但是，他留在中国思想史上的这一笔宝贵遗产，却没有随着湘水的滚滚流逝而销声匿迹，也没有随着他的早逝而杳无踪影，恰恰相反，由于他的尊道崇德，由于他的爱国情怀，由于他的聪敏卓绝，由于他的远见卓识，由于他的千古才情，他的思想始终没有随着时代的变迁而淡出历史的舞台，而是让一代又一代的后人常读常新，感悟良多，纵使物换星移、沧海桑田，依然让一代又一代的为政者从中得到启迪，并进行合理的借鉴，以更好地促进社会的进步和发展。

当然，贾谊毕竟是生活在两千两百多年前的思想家，其生活的时代背景与当今社会现状已经有了巨大的差异，因此，其思想必然带有许多时代的局限性，这也是在所难免的。还有，作者在书中提出的某些观点是否能从理论上完全成立，逻辑是否严密，有待读者批评指正。主要包含以下几个方面。

---

① 司马迁：《史记·孝文本纪》卷 10，中华书局 2011 年版，第 368 页。
② 司马迁：《史记·孝文本纪》卷 10，中华书局 2011 年版，第 369 页。
③ 司马迁：《史记·儒林列传》卷 121，中华书局 2011 年版，第 2707 页。

1.贾谊的有些观点的提出,虽然是从符合大道的高度出发的,但有时确实难免有过于理想化的倾向,譬如为了与匈奴的单于争其民而设立的"建三表、设五饵"之策,如果汉文帝真的如数采纳,恐怕会出现许多节外生枝的事情,因此理论与现实可能并不能完全符合。

2.贾谊所强调的对太子的教育的内容中更多地强调的是人文科学的内容,而忽视了自然科学的内容,这也是一个客观的事实,所以,从这个角度来看,其教育思想是不全面的。

3.关于作者在书中所提出的这个核心观点——贾谊将形而上之"道"作为建构其整个思想体系的终极依据,认为:"物所道始谓之道;所得以生谓之德。德之有也,以道为本。"接着认为德有六理——道、德、性、神、明、命;德有六美——道、仁、义、忠、信、密,具备六理、六美的德能"生阴阳、天地、人与万物也,固能为所生者法也",若"德毕施物",则物必完美。这要求人们在为人处世的时候要"尊道、体道、合道",由此引申到君主如何治理国家这个重要问题上,那么,无论是处理统治阶级内部矛盾还是阶级矛盾,无论是处理民族关系还是君臣关系,进而扩展到发展经济、教化万民等问题,都应该在"尊道、体道、合道"的前提下来努力处理好各种关系,最终实现国家和谐的"大一统"局面,乃至世界大同,从而实现贾谊以"道"为本的政治哲学思想所预设的终极目标。这样的逻辑推演过程是否十分缜密?前后之间是否有必然联系?有待读者检验。

4.将贾谊的"大一统"观念应用于国际范围,从而引出"世界大同"的概念,这个逻辑是否合理?虽然,作者把世界大同的理念理解为是整个世界的和谐状态,而不是由某一个国家来统治整个世界,即这绝对区别于某些国家的霸权主义和强权政治野心,但是"整个世界达到和谐状态"的这种美好愿望是否真有实现的可能?是否只要坚持以"道"为本的理念,就一定能步入一种达"道"的状态?是否这只是一种乌托邦式的美梦?

5.作者把"贾谊以'道'为本的政治哲学思想"与其"一系列制度实践策略的提出",这两者之间看成是一种本体论与功夫论的关系,从而把贾谊的所有思想连接成为一个不可分割的有机整体,认为这是作者一个大胆的理论创新,这种提法是否合乎逻辑?有待读者检验。

6.无论是历史学家还是政治理论家几乎都认为,西汉处在中国的封建社会时期,在当时的阶级社会背景下,统治阶级与被统治阶级之间的矛盾是不可调和的,即便能考虑民本思想,那也是处于巩固统治阶级自身统治地位的需要,而不可能真的站到"民"的立场去考虑问题。但是,在作者看来,贾谊的思想中充满着许多大善大美的观念,他总能同时兼顾各方的利益,如君主与同姓诸侯王之间、君臣之间、君民之间、臣民之间、匈奴与汉王朝之间等等,这到底是一种不切实际的幻想还是闪烁着人性的光辉? 在阶级社会的思想家其思想是否一定要合阶级性还是可以超越阶级性?

7.依据贾谊以"道"为本的政治哲学思想,如果统治者真的能体道合德,是否在那个时代就真的可以实现符合大道的理想社会的目标? 也就是说人类社会是否一定要等到生产力高度发达才能最终步入真正理想的社会状态?

以上提出的几个问题,如果其中的 3、4、5、6、7 五个观点能够完全成立的话,那么进一步探讨贾谊政治哲学思想的国内意义和国际意义将是一件非常有价值的理论研究工作,当今世界之所以会出现各种各样的纷争,局部战争时起时伏,就是因为有些国家在考虑问题的时候完全背离了大道,或者是借着行"道"的名义在变相推行霸权主义和强权政治,而其这样做的最终结果必将损己害人,所以,作者认为,人类在追寻理想社会模式的过程中努力做到"尊道、体道、合道"应该是一个颠扑不破的真理,这种思想,具有经久不衰的生命力。

# 参考文献

（一）专著

班固.汉书[M].北京：中华书局,1962.

陈来.古代思想文化的世界[M].北京：生活·读书·新知三联书店,2002.

陈来.回向传统,儒学的哲思[M].北京：北京师范大学出版社,2011.

丁四新.郭店楚墓竹简思想研究[M].北京：东方出版社,2000.

冯达文.中国哲学的本源——本体论[M].广州：广东人民出版社,1996.

冯友兰.中国哲学简史[M].北京：北京大学出版社,1985.

冯友兰.中国哲学史新编[M].北京：人民出版社,1985.

高明,撰.帛书老子校注[M].北京：中华书局,1996.

顾颉刚.汉代学术史略[M].北京：人民出版社,2008.

顾颉刚.秦汉的方士与儒生[M].上海：上海古籍出版社,1998.

韩连琪.先秦两汉史论丛[M].济南：齐鲁书社,1986.

侯外庐.中国思想通史[M].北京：人民出版社,2011.

胡寄窗.中国经济思想史[M].上海：上海财经大学出版社,1998.

翦伯赞.秦汉史[M].北京：北京大学出版社,1990.

蒋庆.儒学的时代价值[M].成都：四川人民出版社,2009.

金春峰.汉代思想史[M].北京：中国社会科学出版社,1987.

刘向.战国策[M].上海：上海古籍出版社,1998.

刘泽华.中国的王权主义[M].上海：上海人民出版社,2000.

刘长林.中国系统思想[M].北京：中国社会科学出版社,1990.

吕思勉.先秦史[M].上海：上海古籍出版社,1982.

孟祥才.先秦秦汉史论[M].济南：山东大学出版社,2001.

牟宗三.政道与治道[M].台北：台湾学生书局,1996.

钱穆.国史大纲[M].北京：商务印书馆,1996.

冉昭德,陈直.汉书选[M].北京：中华书局,2009.

任继愈.中国哲学发展史[M].北京：人民出版社,1985.

司马迁. 史记[M]. 北京：中华书局，1982.

苏舆. 春秋繁露义证[M]. 北京：中华书局，1992.

孙叔平. 中国哲学史稿[M]. 上海：上海人民出版社，1980.

孙希旦. 礼记集解[M]. 北京：中华书局，1989.

唐君毅. 中国人文精神之发展[M]. 台北：台湾学生书局，1989.

唐雄山. 贾谊礼治思想研究[M]. 广州：中山大学出版社，2005.

王夫之. 读通鉴论[M]. 北京：中华书局，1975.

王利器. 新语校注[M]. 北京：中华书局，1986.

王利器. 盐铁论校注[M]. 北京：中华书局，1992.

王文亮. 中国圣人论[M]. 北京：中国社会科学出版社，1993.

王先谦. 荀子集解[M]. 北京：中华书局，1988.

王兴国. 贾谊评传[M]. 南京：南京大学出版社，2006.

王洲明，徐超. 贾谊集校注[M]. 北京：人民文学出版社，1996.

韦庆远，主编. 中国政治制度史[M]. 北京：中国人民大学出版社，1989.

吴松庚. 贾谊[M]. 长沙：岳麓书社，2008.

吴云，李春台. 贾谊集校注[M]. 天津：天津古籍出版社，2010.

熊铁基. 秦汉新道家[M]. 上海：上海人民出版社，2001.

徐超，王洲明，译注. 贾谊文选译[M]. 南京：凤凰出版社，2011.

徐复观. 两汉思想史[M]. 上海：华东师范大学出版社，2001.

阎振益，钟夏，校注. 新书校注[M]. 北京：中华书局，2000.

杨伯峻，译注. 论语译注[M]. 北京：中华书局，1980.

杨伯峻，译注. 孟子译注[M]. 北京：中华书局，1960.

杨伯峻. 春秋左传注[M]. 北京：中华书局，1980.

叶金宝. 儒家和谐思想的当代价值[M]. 广州：广东人民出版社，2006.

于首奎. 两汉哲学新探[M]. 成都：四川人民出版社，1988.

袁峰. 理想政治秩序的探求[M]. 上海：学林出版社，2002.

张传玺. 秦汉问题研究[M]. 北京：北京大学出版社，1985.

张岱年. 中国哲学大纲[M]. 北京：中国社会科学出版社，1982.

张国. 中国治国思想史纲[M]. 上海：文汇出版社，2000.

张觉，译注. 韩非子全译[M]. 贵阳：贵州人民出版社，1992.

张立文. 中国哲学逻辑结构论[M]. 北京：中国社会科学出版社，2002.

赵敦华. 西方哲学简史[M]. 北京：北京大学出版社，2001.

周桂钿. 秦汉思想史[M]. 石家庄：河北人民出版社，2000.

周桂钿.中国儒学讲稿[M].北京:中华书局,2008.

朱谦之.老子校释[M].北京:中华书局,1984.

祝瑞开.两汉思想史[M].上海:上海古籍出版社,1989.

**(二)论文**

鲍新山.评汉初黄老思想的消极影响[J].青海社会科学,1998(05).

鲍新山.西汉前期黄老思想与儒家学说的兴衰沉浮[J].西北第二民族学院学报(哲社版),2000.

蔡博涛.贾谊政治思想辨析[J].广州师院学报,1974(03).

蔡慧.汉初政论文的文学精神研究[J].陕西师范大学学报,2009(06).

蔡一.略论贾谊的富民思想[J].南京大学学报,1982(04).

曹应旺.贾谊的经济干预思想[J].经济问题探索,1988(12).

曹中凯.贾谊与西汉前期政治[J].苏州大学学报,2011(01).

曾广信.西汉杰出的政论家——贾谊的经济思想[J].新湘评论,1981(05).

陈玉屏.贾谊人生悲剧的再认识[J].西南民族学院学报(哲社版),1990(05).

陈宗瑜.广义治安说——从贾谊《治安策》说起[J].怀化师专学报,1996(03).

程千帆,莫砺锋.忧患感:从屈原、贾谊到杜甫[J].文艺理论研究,1986(05).

程伊杰.贾谊、晁错政论散文对比研究[J].湘潭大学学报,2011(05).

丁毅华.论贾谊治世方案的要奥[J].天津师大学报,1990(05).

丁毅华.荀子、贾谊礼治思想的传承:兼论中国传统政治文化的思想基础[J].天津师大学报,1991(06).

丁原明.从原始道家到黄老之学的逻辑发展[J].山东大学学报(哲学社会科学版),1996(03).

方向东.贾谊《新书》难点诂释[J].南京师大学报(社科版),1989(03).

方向东.贾谊《新书》校注商榷[J].古籍整理研究学刊,1997(06).

冯达文.老子哲学思想的双重品格[J].中州学刊,2002(01).

葛明.读贾谊《论积贮疏》[J].开封师院学报,1974(03).

龚克昌.贾谊赋论[J].中州学刊,1985(04).

顾文栋.汉文帝为何不用贾谊[J].贵州文史丛刊,1988(02).

郭建勋.论贾谊的辞赋及其意义[J].求索,1993(04).

郭鸥一.贾谊和《论积贮疏》[J].山西财经学院学报,1980(03).

何广华.贾谊《新书》研究[J].东北师范大学学报,2005(04).

胡仪.贾谊的年龄[J].华东师范大学学报,1981(01).

华友根.试论贾谊的礼学观[J].江海学刊,1996(03).

黄南.一代风骚多寄托 十分沉实见精神:《贾谊文赋全译》读后[J].江西社会科学,1997(01).

岚世.贾谊三题[J].南京师院学报,1974(03).

朗正宇.贾谊其人[J].成都大学学报(社科版),1984(01).

李大明.论贾谊不遇[J].四川师范大学学报(社科版),1987(02).

李平.贾谊新论[J].烟台师范学院学报(哲社版),1998(02).

李森.从先秦到贾谊:民本思想的逻辑发展[J].华东师范大学学报,1994(05).

李森.贾谊的民本思想及其历史地位[J].郑州大学学报,1992(05).

李献奇,赵会军.有关贾谊世系及洛阳饥疫的几方墓志[J].文博,1987(05)。

梁效.论贾谊[J].北京大学学报,1974(04).

廖平.贾子容经笺注[J].中国学报,1919(05).

林文昌.贾谊思想研究[J].福建师范大学学报,2009(01).

刘德增.试论贾谊的安民思想[J].济南大学学报,2001(01).

刘师培.贾子《新书》校补[J].国粹学报,1909(03).

刘师培.贾子春秋补释[J].国粹学报,1910(06).

刘修明.贾谊的民本思想和汉初社会[J].学术月刊,1986(09).

刘绪贻.西汉早期中国社会的重新分层[J].华中科技大学学报(社会科学版),2000(04).

刘永艳.贾谊礼法观刍议[J].河北建筑科技学院学报(社科版),2000(03).

刘铮铮.台湾学者贾谊研究概况[J].中国史研究动态,1997(09).

陆昕.法家学说衰落探源[J].社会科学论坛,2001(04).

罗东升.驳梁效对贾谊"集权"思想的歪曲[J].学术研究,1978(03).

吕苏生.谈贾谊的法家思想[J].河北师院学报,1974(04).

马育良.汉初治政与贾谊的礼治思想[J].孔子研究,1993(04).

彭卫.试论贾谊思想的历史渊源[J].西北大学学报,1981(03).

尚永亮.忠奸之争与惑士不遇:论屈原贾谊的意识倾向及其在谪文化史

上的模式定义[J].社会科学战线,1997(04).

邵金凯.贾谊与汉政、汉制[J].甘肃社会科学学报,2002(05).

邵勤.评贾谊[J].安徽师大学报,1977(04).

邵宗波.贾谊与西汉封建正统文化的建构[J].郑州大学学报,2007(04).

施树民.贾谊为何不受重用[J].浙江师大学报(社科版),1993(04).

石元.论贾谊[J].北京师范大学学报,1974(04).

苏志宏.陆贾和贾谊的礼乐教化思想[J].社会科学研究,1991(05).

田人隆.贾谊与汉初政治[J].电大文科园地,1983(03).

汪高鑫.贾谊对历史盛衰之理的探讨[J].学术界,2001(05).

王季星.贾谊和他的作品[J].东北人民大学(人文科学版),1956(05).

王平生.贾谊的"礼"治思想[J].社会科学,1990(02).

王生平.贾谊的认识论和辩证法思想[J].中国社会科学院研究生院学报,1985(01).

王生平.论贾谊的政治思想[J].社会科学辑刊,1983(03).

王生平.论贾谊的自然观[J].河北大学学报(哲社版),1984(04).

王长友.汉初政论文研究[J].延边大学学报,2007(06).

王洲明.汉大赋之先声:贾谊的赋[J].电大文科园地,1984(05).

王洲明.贾谊散文的特点及在文学史上的地位[J].文史哲,1982(03).

魏建功,等.关于贾谊《新书》真伪问题的探索[J].北京大学学报(人文科学版),1961(05).

肖胜云.贾谊思想的派别属性论[J].阜阳师范学院学报(社会科学版),1999(04).

徐安怀.读《贾谊传》[J].四川师范学院学报,1974(02).

徐立新,陈萍萍.苍生与鬼神:贾谊民本思想的现代诠释[J].贵州社会科学学报,2003(05).

徐志祥.贾谊经济思想初探[J].齐鲁学刊,1992(3).

许云钦.汉初分封之得失与贾谊的主张[J].福建教育学院学报,2002(10).

许云钦.贾谊的"富安天下"思想[J].福建教育学院学报,2002(01).

阎振益.贾谊和他的政论文[J].文史知识,1984(02).

颜建华.兴怀抒愤的佳作——略说贾谊的《吊屈原赋》[J].贵州教育学院学报(社会科学版),1996(04).

杨嘉音.贾谊——先秦士人的终结者[J].船山学刊,2000(02).

姚璋.贾谊思想的分析研究[J].光华大学半月刊,第 1 卷,1932(02).

阴法鲁,魏建功,等.贾谊思想初探[J].北京大学学报(人文科学版),1962(05).

于光荣.贾谊忠烈人格的丰富与完善[J].湖湘论坛,2000(02).

余华兵.贾谊政论文研究[J].浙江师范大学学报,2007(04).

袁君敬.谈谈贾谊的教育思想[J].文史知识,1997(10).

翟始.贾谊[J].武汉大学学报,1974(01).

张超.贾谊《新书》研究[J].南昌大学学报,2008(06).

张秋升.贾谊的君王观[J].求索,1998(03).

张涛.汉初易学的发展[J].文史哲,1998(02).

张一中.贾谊的民本思想[J].湖南师院学报,1983(02).

赵常伟.贾谊《治安策》研究[J].云南大学学报,2011(05).

赵小雷.法家丧失统治地位的历史根源[J].西北大学学报(哲学社会科学版),1996(03).

周双利.论贾谊和“削藩”[J].吉林大学学报,1974(03).

周寅宾.贾谊在长沙的创作与遗迹[J].湖南师院学报,1981(03).

朱凤相.初论贾谊的民族思想及其对于西汉时期民族政策的影响[J].西藏民族学院学报(社科版),1996(04).

朱新民.汉初过渡时期和贾谊的悲剧[J].江海学刊,1993(03).

邹纪孟.贾谊的悲剧[J].中国青年政治学院学报,1995(02).